Zwölf Bilder

Zwölf Bilder

Tal Sterngast

Betrachtungen aus der Gemäldegalerie
der Staatlichen Museen zu Berlin

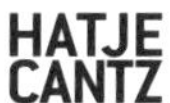

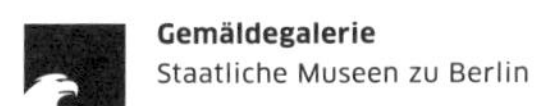

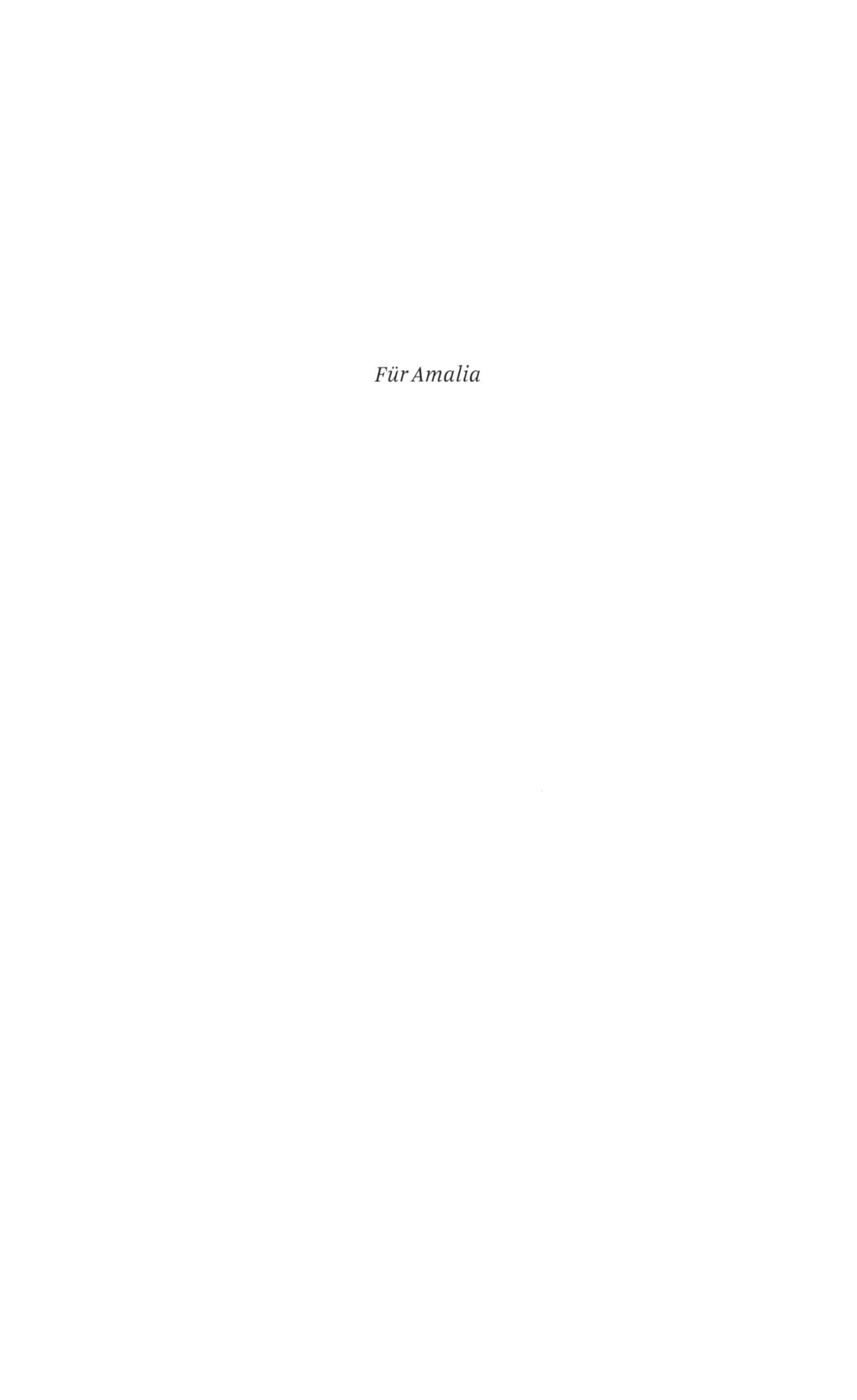

Für Amalia

Grußwort

Tal Sterngast verbindet mit ihrer Analyse von zwölf herausragenden Werken der europäischen Malerei das Handwerk der Kunstkritik mit schonungsloser Gesellschaftsanalyse. In ihrer ganz eigenen Lesart erweitert und schärft die Filmwissenschaftlerin unsere Sichtweise auf die von ihr besprochene Kunst, indem sie in der Malerei der vergangenen Jahrhunderte die Bedeutungsschwere und Brisanz der Gegenwart erkennt. Hierbei bemerkt Sterngast nicht etwa eine Antiquiertheit der musealen Objekte, sondern betont ihre Aktualität und ihren hohen Stellenwert für sowohl kulturhistorische als auch sozial-politische Reflexions- und Erkenntnisprozesse, die heute vielleicht wichtiger sind als jemals zuvor. Es ist ein neuer Blick auf alte Werke, den uns die Autorin gewährt und den ich hiermit jedem ans Herz legen möchte.

Es war ein Moment des Zweifels und der Unsicherheit, der Tal Sterngast 2016 in die Gemäldegalerie führte. Die folgenschweren politischen Entwicklungen und Umwälzungen der vergangenen Jahre waren gerade in Gang gekommen und die sozialen und moralischen Konsequenzen, welche die bis dahin festgeglaubten Gefüge noch ins Wanken bringen sollten, waren damals nur schemenhafte Vorahnungen. Tal Sterngast kam in die Gemäldegalerie mit der Frage, ob ihre Auseinandersetzung mit diesen jahrhundertealten Werken dabei helfen könne, „besser gerüstet in die Gegenwart zurückzukehren“, wie sie es formulierte. Die Ergebnisse ihrer Suche, so freue ich mich zu verkünden, waren von Erfolg gekrönt und sind in vielerlei Hinsicht bemerkenswert. Die Autorin stellte sich Wohlbekanntem und fand dabei Außergewöhnliches.

Neben der Autorin, die erfreulicherweise meiner Bitte gefolgt ist, ihre Essays über die Sammlung der Gemäldegalerie in Buchform zu bringen, danke ich allen an dieser Publikation beteiligten Personen. Dies sind insbesondere alle Kolleginnen und Kollegen in der Generaldirektion und der Gemäldegalerie, die die vorliegende Veröffentlichung redaktionell und inhaltlich begleitet haben. Hierzu zählen weiterhin die Mitarbeiterinnen und Mitarbeiter des Hatje Cantz Verlags, denen ich für ihre Zeit und Mühe meinen Dank aussprechen möchte.

Michael Eissenhauer
Generaldirektor der Staatlichen Museen zu Berlin
Direktor der Gemäldegalerie, Skulpturensammlung
und des Museums für Byzantinische Kunst

Einleitung

Tal Sterngast

Die Welt, wie ich sie bis dahin zu kennen geglaubt hatte, schien Ende des Jahres 2016 an ihr Ende gekommen zu sein. Das Ergebnis des Brexit-Referendums im Vereinigten Königreich im Juni registrierte mein Realitätsprinzip als Verzerrung. Der Sommer in Berlin war einmal mehr außergewöhnlich heiß. Kein Zweifel bestand mehr darüber, dass irreversible Veränderungen in globalem Maßstab von nun an unser Leben bestimmen würden. Schließlich wurde im November Donald Trump zum Präsidenten der Vereinigten Staaten gewählt. Das Gefühl, die Wirklichkeit habe sich in einen Alptraum verwandelt, war überwältigend. Sie schien sich verabschiedet zu haben, oder besser gesagt: ein Gespür der Unwirklichkeit bestimmte das Leben so stark, dass kategoriale Unterschiede verschwammen. Und doch ging das Leben weiter.

Diese Entwicklungen deuten einen Zusammenbruch der Rahmenbedingungen von Repräsentation in der Gegenwart an. Einen Kollaps, der durch die Diffusität gekennzeichnet ist, die sich in die Unterscheidung von Realität und »Reality« eingeschlichen hat. Er äußert sich in der Überschreitung des als menschlich Erachteten, die an den Schnittstellen zwischen dem Organischen und dem Anorganischen stattfindet, wird durch den invasiven Charakter der sozialen Medien erzeugt und zeigt sich schließlich als Variation der »Wiederkehr des Verdrängten« (die das Empfinden von Scham überflüssig macht und populistische Extravaganz befeuert) – entweder als Symptom der Krise oder als die Krise selbst. Damit nicht unverbunden weicht die Förderung und Anerkennung innerer Werte von Kunstwerken zunehmend externen Bewertungen, einem Insistieren auf äußeren politischen, kulturellen oder soziologischen Werten, das heute in fast allen Bereichen der Gegenwartskunst, des Ausstellungsmachens und der Kunstkritik vorherrscht. Misstrauen und der Verdacht gegenüber Bildern fallen mit einer Neudefinition dessen zusammen, was erlaubt und was nicht erlaubt ist, und also mit einer Form der moralischen Unterdrückung. Je weniger klar die Fakten der Wirklichkeit erscheinen, je vager, fremdartiger oder erschreckender die Aussichten sind, die sie eröffnen, desto weniger ist klar, was Bilder sind und wozu man sie braucht. Warum werden immer noch Kunstwerke geschaffen und ausgestellt? Wer ist ihr Betrachter?

Das Gefühl, von den aktuellen Zuständen abgestoßen zu sein, führte mich am Ende des Jahres 2016 in die Gemäldegalerie. Das von den Münchner Architekten Hilmer & Sattler und Albrecht fast eine Dekade nach dem Mauerfall im Jahr 1998 fertiggestellte Gebäude beherbergt die wiedervereinigte Sammlung europäischer Gemälde vom 13. bis zum 18. Jahrhundert der Staatlichen Museen zu Berlin. Es wurde auf dem Hügel des Kulturforums hinter einer steilen brutalistischen Fläche aus Beton und Granit platziert (der »Piazzetta«), die Passanten zum vormals West-Berliner Museumskonglomerat hinführt und zugleich wie eine Barriere zur Straße wirkt. Die Gemäldegalerie war der letzte Baustein im Museumskomplex für europäische Kunst, dessen Planung bereits Ende der 1960er-Jahre begonnen hatte, deren Ausführung aber von immer neuen Kontroversen begleitet wurde, die dem fragmentarischen Ensemble bis heute anzumerken sind.

Ein neues kulturelles Zentrum sollte am Rand von West-Berlin als westlicher Ersatz für die nach dem Krieg größtenteils im Ostteil der Stadt liegenden Museen und Bibliotheken dienen. Seine architektonischen Leuchttürme sollten darüber hinaus die Rückkehr Westdeutschlands in die Familie der freien Länder manifestieren und den Ansprüchen der DDR trotzen, das bessere Deutschland zu repräsentieren. Herausragendes Element dieses Ensembles ist die bereits im Jahr 1968 von Mies van der Rohe gebaute Neue Nationalgalerie, eine modernistische Ikone aus Stahl und Glas, welche die Kunst des 20. Jahrhunderts beherbergen sollte. Hans Scharouns ursprünglicher Vision einer organischen Stadtlandschaft folgend, schufen die Philharmonie (1963) und die Staatsbibliothek (1978) – durch ein goldenes Netz runder Formen optisch miteinander verbunden, das sich über beider Fassaden erstreckt – einen weichen Hintergrund, der sich harmonisch an den Tiergarten schmiegen soll. Zugleich eröffnen sie einen städtebaulich komplexen, aber jedermann zugänglichen Platz. Im Kontrast dazu steht der ebenfalls als fortschrittliche Topografie gedachte, brutalistische Entwurf Rolf Gutbrods von 1967, der eine gebaute Landschaft vorsah, deren Konstruktion in den wenigen vom ursprünglichen Plan übrig gebliebenen Gebäuden offengelegt wurde. Diesem städtebaulichen Kontext entzog sich die neue Gemäldegalerie, sie schottete sich von ihrer Umgebung eher ab.

Ihre Innenräume sind bewusst an Karl Friedrich Schinkels Altem Museum angelehnt und ähneln einem aristokratischen Palast, dessen Enfilade den Weg des Besuchers entlang der Nord-Süd-Achse auf einer Länge von zwei Kilometern parallel zur chronologischen Abfolge der Kunstwerke choreografiert. In insgesamt 72 Räumen werden die Bilder auf in farblich gehaltenem Samt und in einer salonartigen Hängung präsentiert. Eine große, leere Halle gliedert ihr Zentrum auf; sie verweist in einer räumlichen Geste, die vermutlich großzügig oder würdevoll wirken soll, aber etwas merkwürdig erscheint, auf die Grenzlinie der Alpen. Die Gemäldegalerie kam mir zugleich weltläufig und provinziell, prätentiös und bescheiden vor. Die architektonische Abkehr von der jüngeren Geschichte (mit ihren Wunden und Narben) schuf eine isolierte Insel, die sich, vielleicht wie die Sammlung selbst, nicht organisch in ihre Umgebung einfügt und sich eine augenfällige Künstlichkeit bewahrt.

Wenn sich die Gegenwart auf einen präzedenzlosen Abgrund von Veränderung zubewegt, was hat sie noch mit den älteren Welten gemein, die sich in der Gemäldegalerie präsentieren? Während der Corpus des Wissens und des Diskurses über die Gegenwartskunst sich nur auf die jüngere Vergangenheit zu beschränken scheint, beschäftigen sich mit den alten Meistern beinahe ausschließlich Wissenschaftler und Kunsthistoriker. Ich fragte mich, ob mir die Beschränkung auf diese spezifische lokale Sammlung Freiraum verschaffen würde. Ich wählte nach und nach zwölf Werke aus, die in der Gemäldegalerie hängen, um sie zum Gegenstand einer Beobachtung zu machen, die vielleicht helfen könnte, besser gerüstet in die Gegenwart zurückzukehren. Die aus dieser Auseinandersetzung entstandenen Essays, von denen sich jedes einem Gemälde widmet, wurden ab November 2017 im Abstand von jeweils ungefähr einem Monat in der Wochenendausgabe der *Tageszeitung* veröffentlicht.

In der Breite dieser Auswahl wird deutlich, wie sich die Malerei entlang der dichotomischen Koordinaten des Optischen und des Taktilen, des Geometrischen und des Organischen, des Illusionistischen und des Geistigen selbst entdeckt und zum Medium wird, durch das sich moderne Subjektivität formuliert. Jedes der ins Auge gefassten Gemälde entfaltet sein eigenes In-die-Welt-Kommen und seine spezifischen Anliegen, die zum Teil auch die unseren sind. Zwei zeitliche und räumliche Achsen kreuzen meine Auswahl: zum einen die das Mittelmeer durchquerende Ost-West-Achse, an der entlang Routen von der antiken zur modernen Welt, von der gräko-romanischen zur christlichen Hegemonie, vom Orient zum Okzident und zurück führen; zum anderen die kunsthistorische Nord-Süd-Achse, in deren Zentrum die Renaissance von Italien aus über die Alpen strahlt.

Jeder Maler müsse die Geschichte der Malerei rekapitulieren, schrieb Gilles Deleuze in seinem Buch über Francis Bacon (1981), und so kann auch jeder Autor die Rekapitulationen des Malers rekapitulieren. Ich habe mich den Gemälden wie der zeitgenössischen Kunst genähert, über die ich in den vergangenen 15 Jahren schrieb. Ich wollte sie wie eine Kunstkritikerin betrachten. Aus diesem Grund werden Überlegungen zu den Ideenfeldern angestellt, welche die Maler und ihre Werke umgeben, wechseln die Essays ihren Betrachtungsmodus von hoher zu niedriger Auflösung, springen von gewagten Generalisierungen zu sehr spezifischen Details. Der Wahl der Bilder lagen meine gegenwärtigen Interessen und ästhetischen Vorlieben zugrunde, sie reflektiert nicht notwendigerweise den Sammlungsschwerpunkt der Staatlichen Museen zu Berlin.

Als ihr Generaldirektor, Michael Eissenhauer, vorschlug, diese Essays in einem Buch zu versammeln, war das eine großzügige Einladung für mich als Autorin, aber auch für die Texte, die es ihnen nun erlaubt, mehr als eine sporadische Veröffentlichung in einer Tageszeitung zu sein. Ein Text eröffnet einen Raum, und Schreiben ist der Prozess, diesen Raum zu schaffen und zugleich in ihm verloren zu gehen. Der Text wird erst vom Leser vollendet, der ihn von außen betrachten kann. Diese Textsammlung ist also zuerst eine Art Protokoll meiner Erkundungen der Gemäldegalerie, darüber hinaus aber auch der Möglichkeiten, die sich meinem Schreiben und Denken über Kunst in der Auseindersetzung mit diesen Zwölf Bildern eröffnet haben.

Es war eine große Ehre und eine ebenso große Herausforderung, die Artikel zusammenzustellen und zu Kapiteln im Rahmen einer breiter angelegten Erzählung ausbauen zu dürfen. Das wäre nicht möglich gewesen ohne Ulrich Gutmair, der die Texte sorgfältig ins Deutsche übersetzt und zuerst für die Zeitung und für dieses Buch redigiert hat. Die Transformation der Zeitungsartikel, die ursprünglich auf Englisch geschrieben waren, zu den vorliegenden Essays wurde von der englischen Lektorin dieses Buchs, Kimberly Bradley, auf fachkundige Weise gemeistert. Ich danke beiden herzlich.

Das Museum als Safe Space

Amor als Sieger (1601/02) von Caravaggio

Michelangelo Merisi da Caravaggios Bild *Amor als Sieger* aus dem Jahr 1601 hat heute noch die Kraft, Museumsbesucher in seinen Bann zu ziehen. Hinter Amors nacktem Körper dirigiert seine Hand den Blick auf die andere Seite der Figur, ins Bild hinein. Obwohl es das Gemälde auf provokative Weise darauf anlegt, seine Betrachter zu adressieren und zu konfrontieren, lenkt es deren Blick auch hinter den Rücken der Figur.[1] Es eröffnet einen Raum in eine illusionäre Ferne, der den realen Raum im Atelier und im Museum erweitert.

Am Ende seines radikalen Projekts einer Suche nach den Wurzeln der abstrakten Malerei kam der amerikanische Maler Frank Stella zu dem Schluss, dass Caravaggio eine neue Art des Bildraums erfunden habe, der sich jenseits der Bildoberfläche in den Raum des Betrachters hineinprojiziere, den er gleichsam einhülle und verschlinge. Wir sehen uns aufgehen in dieser Sphäre, deren Effekt mit einem Gyroskop verglichen werden kann, einem Kreiselinstrument, das von Bewegung und Neigung unbeeinflusst bleibt.[2]

Das Jahr 2017 wird als das Jahr erinnert werden, in dem die Kunst von innen angegriffen wurde. Im Sommer dieses Jahres verursachte das auf der Whitney Biennale in New York gezeigte Bild *Open Casket* (2016) der Malerin Dana Schutz einen Aufruhr in der Kunstwelt. Schutz' Bild gibt eine Ikone des afroamerikanischen Kampfs für Gleichheit, die Fotografie des vierzehnjährigen Emmet Till, wieder, der 1955 einem Lynchmord zum Opfer fiel. Die Spuren der Gewalttat sind auf dem Körper des toten Jungen zu sehen. Seine Mutter hatte darauf bestanden, ihren Sohn bei der Beerdigung im offenen Sarg zu zeigen. Künstler und Kunstkritiker forderten nun, dass das Bild von Schutz nicht nur aus der Ausstellung entfernt, sondern zerstört werden müsse.

In der hitzig geführten Debatte über »schwarze Pein, weiße Schuld« und darüber, wer gewisse Bilder für seine Kunst benutzen dürfe und wer nicht,

1 Siehe Michael Fried, *The Moment of Caravaggio*, Princeton 2010.
2 Frank Stella, *Working Space*, Cambridge/London 1986, S. 1–22.

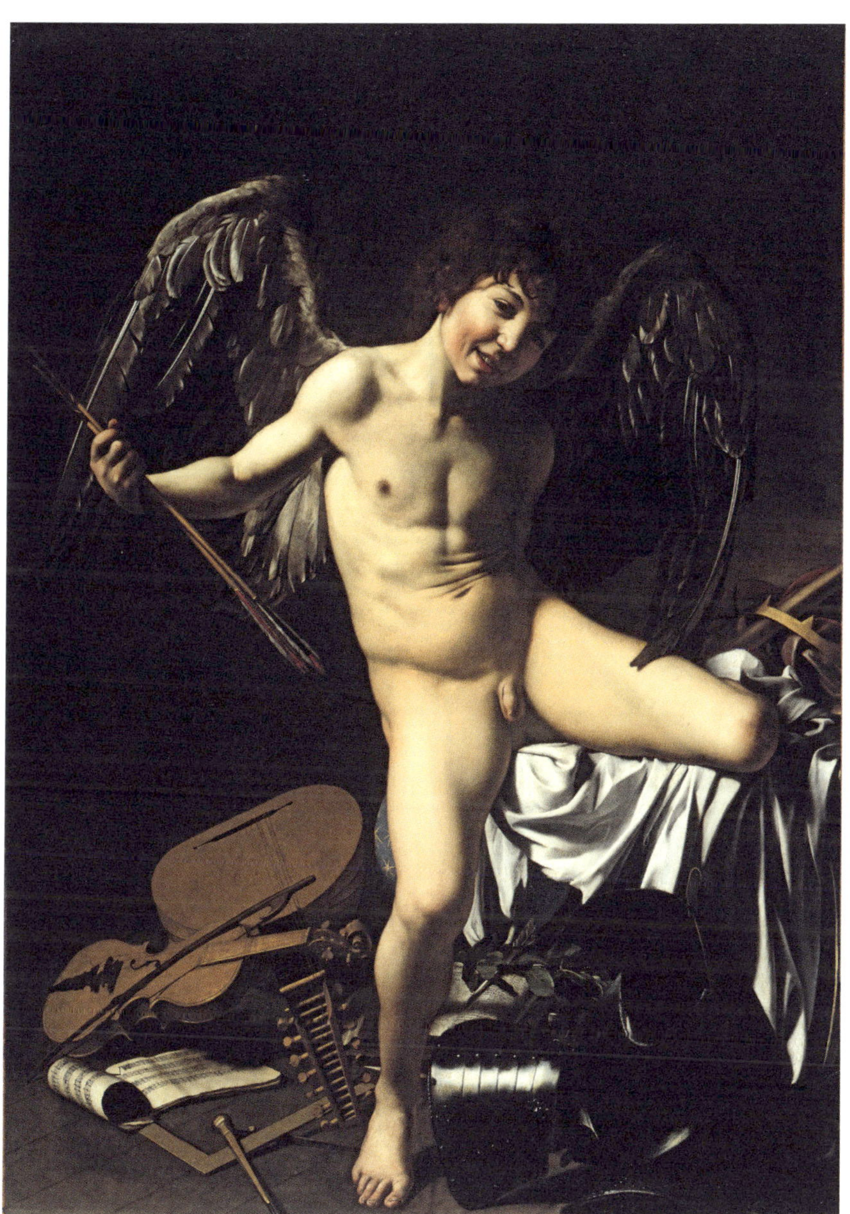

wurde kaum darüber gesprochen, *was für ein Bild* Schutz gemalt hatte. Niemand schien sich darüber Gedanken zu machen, was das Bild jenseits seiner Absicht und der Verwendung eines kulturellen Zeichens sein könnte; etwas schien hier gelesen und interpretiert werden zu müssen. Die Frage, welche malerischen Eigenschaften das Bild besitzt und wie es seine Betrachter anspricht, schien in der allgemeinen Diskussion aufgehoben zu sein. Es ist bemerkenswert, dass eine besondere Eigenschaft von *Open Casket*, die absichtlich oder unabsichtlich den Furor entfacht hatte, gar nicht zum Gegenstand der Debatte wurde: Das Bild verhält sich auf eine gewisse Weise indifferent gegenüber seinem Gegenstand – trotz der gegenteiligen Behauptung der Künstlerin. Das Werk scheint auf dieselbe Weise gestaltet worden zu sein wie alle Bilder, die Schutz zuvor und danach gemalt hatte, als fröhliche und farbenfrohe expressionistische Illustration. Das Gemälde zirkulierte in den Medien, getrennt von seinem Ausstellungskontext; es wurde auf Facebook, Twitter und Instagram verbreitet.

Wenige Monate später verfassten zwei Schwestern Mitte zwanzig in New York eine Petition. Sie forderten das Metropolitan Museum of Art auf, Balthus' Gemälde *Thérèse Dreaming* von 1938 nicht mehr oder nur eingeschränkt zu zeigen. Das Sujet des Bilds, das im MoMA seit den 1990er-Jahren ausgestellt wird, sitzt mit abgewandtem Gesicht und geschlossenen Augen, ein Knie an den Körper gezogen auf einer Bank, sodass der Blick auf seine Unterwäsche gelenkt wird. Auf dem Boden eine Katze, häufiges Motiv vieler Gemälde von Balthus, die Milch aus einer Schale trinkt. Das Bild ist mit kühnem Gestus, in warmen Brauntönen gemalt. Das pubertierende Modell Thérèse Blanchard, die ungefähr zwölf Jahre alt war, als sie Balthus Modell saß, war in Paris seine Nachbarin. Sie erscheint allein, mit ihrer Katze oder mit ihrem Bruder auf elf Bildern einer Serie, die zwischen 1936 und 1939 entstanden. Das Gemälde ist so schön wie unzüchtig. Die Wangen, Nase und Lippen des Mädchens sind rot durchblutet, ihre Arme sind erhoben, die Hände über dem Kopf verschränkt, ihr linkes Bein ruht auf der Bank. Diese enthüllende Position scheint auf absurde Weise entspannt zu sein. Strahlend und haptisch, taktil und geschmeidig erscheinen die Hände und Beine des Mädchens, unbewegt und lebendig zugleich. Sogar die Katze scheint wie geschnitzt, ebenso das Cezannesque Stillleben, das auf dem Holztisch hinter Thérèse arrangiert ist: Glasvasen, eine Dose und ein kubistisch gemaltes Tuch, in dem die locker sitzende weiße Unterhose aufgenommen wird, auf die unser Blick elegant gelenkt wird – das Herz des Skandals.

Mehr als 11.000 Unterschriften unterstützten die Petition der Schwestern, die unter anderem Rückenwind bekam durch den Aufschrei, der nach den Enthüllungen von Harvey Weinsteins Verfehlungen in Hollywood und infolge der #metoo-Kampagne zu hören war. Mia Merril, eine der beiden

Initiatorinnen, die an der New York University Kunstgeschichte studiert hatte, warnte vor der Vergegenständlichung und Sexualisierung von Kindern, die das Gemälde ihrer Ansicht nach romantisiert.

Obwohl Balthus von bedeutenden Künstlern der Nachkriegszeit bewundert wurde, Pablo Picasso etwa erwarb in Paris ein Bild aus der *Thérèse*-Serie, noch während Balthus daran arbeitete, war es durchaus erwartbar, dass Balthus erneut zum Angriffsziel wurde. Im Verlauf seiner Karriere umgab den gefeierten und außergewöhnlichen polnisch-französischen Maler Balthasar Klossowski de Rola (1908–2001) eine Aura verbotener erotischer Sinnlichkeit, die mit einer unstrittig zeitlosen Qualität seines Werks verbunden ist. Über sechs Dekaden waren vor allem junge Mädchen das Sujet seiner figurativen Gemälde. Er malte sie in häuslichen Interieurs, in Straßenszenen oder Landschaften, in denen er Renaissancefreskos (Piero della Francesca und Andrea Mantegna kommen sofort in den Sinn) mit französischem Realismus aus dem 19. Jahrhundert und frühen modernistischen, zur Abstraktion tendierenden Gestaltungen überblendete.

Die neue Empfindlichkeit der Identitätspolitik, die sich in jüngster Zeit in der Sphäre der Kunst neu auflud und unverblümt äußerte, reduzierte die Gemälde von Schutz und Balthus (und möglicherweise die Malerei im Allgemeinen) zu selbstdeutenden, wörtlich zu nehmenden Symbolen, zu Bildern, die gleichberechtigt neben anderen medial zirkulierenden Bildern stehen und in ihrer Wirkung äquivalent zu Werbeaufnahmen erscheinen. Eine solchermaßen reduzierte Bewertung ist fragwürdig, wenn nicht schlicht heuchlerisch. In einer Calvin-Klein-Werbung finden sich mehr Sexualisierung, Anzeichen von Missbrauch und Verdinglichung als in jedem beliebigen Gemälde. Darüber hinaus werden die Bilder, die heute durch die sozialen Medien zirkulieren und unsere Aufmerksamkeit in Anspruch nehmen, hergestellt, indem die Parameter der Verdinglichung internalisiert und zur Selbstdarstellung und als ökonomische Strategie genutzt werden. Diese neue Welle steht für einen Zeitgeist, der sich aus guten Absichten und einem Denken speist, das blind für Ambivalenzen ist und so eine mächtige Quelle des Interesses, die Schönheit, und eine Gravitationskraft abschafft, die über tausende von Jahren die bildenden Künste in Bewegung gesetzt hat. *Thérèse Dreaming* präsentiert eine Dualität innerhalb der komplexen Beziehung, die Balthus mit dem Betrachter seines Gemäldes herstellt: Zu ihr gehört die eigene Verwundbarkeit des Künstlers, eine offensichtliche Identifikation mit dem verführerischen Mädchen an der Schwelle zum Erwachsensein, die deutlich in diesem Gemälde ausgestellt wird.

In Jacques Lacans Entwicklungstheorie wird das Spiegelstadium als der Moment beschrieben, in dem das Kind seine Subjektivität entdeckt: seine Trennung nicht nur von der Umwelt, sondern auch der Mutter. In einen historischen Rahmen gesetzt ist Caravaggios »Spiegel-Bild« des Eros für den Kunsthistoriker Michael Fried ein »Moment« in der Geschichte, in dem die ursprüngliche Selbstverzauberung des künstlerischen Tuns mit Selbsterkenntnis konfrontiert wird. Der Künstler feiert die Entdeckung seines abgespaltenen künstlerischen Selbst und drückt zugleich die Traumatisierung aus, die diese Spaltung zur Folge hat.

Warum also die Aufregung? Dass Kunstwerke Aggressionen oder sogar Gewalt hervorrufen können, ist historisch evident. Deuten solche Vorfälle aber über sich selbst hinaus und auf etwas anderes hin? Knapp zwanzig Jahre vor der New Yorker Balthus-Petition, 1997, kurz nach der Einweihung der neuen Gemäldegalerie am Kulturforum nahe dem Potsdamer Platz, mussten viele Gemälde verglast werden. (Die Ausstellungsarchitektur hatte diese Entwicklung nicht antizipiert; heute kann man die dadurch verursachten ungeplanten Reflexionen nicht übersehen.) Die Schutzverglasung wurde angeordnet, weil ein Mann, der seit den 1970er-Jahren Kunstwerke mit Säure attackierte, angeblich ein Hotelzimmer in Berlin gebucht hatte.

Während dessen persönliche Pathologie opak bleiben mag, würde ich die These aufstellen, dass der Drang, individuell oder kollektiv Kunstwerke in einem performativen Akt zu beschädigen, der komplexen Beziehung zwischen bildender Kunst und ihren Betrachtern inhärent ist. Und dass solche Akte der Zerstörung im Lauf der Geschichte sich in immer neuen und anderen Formen materialisieren, befeuert von archaischen Energien, die zuerst theologisch aufgeladen waren, später säkularisiert und modernisiert wurden.

Im Spätsommer 1794 präsentierte Abbé Henri Grégoire, Bischof von Blois, der französischen Nationalversammlung einen Bericht über die Zerstörungen, die in den ersten Monaten der Französischen Revolution zu beklagen waren und die er als eine »hasserfüllte Verzerrung revolutionärer Prinzipien« bezeichnete. Der Titel seines Berichts enthielt einen neuen Begriff, »Vandalismus«, der schnell zu einem allgemein bekannten Neologismus wurde, um systematische revolutionäre Gewalt und Akte der Zerstörung von Kulturgütern wie Kunstwerken und Gebäuden zu beschreiben. Auch wenn sich der Bischof in französischem Chauvinismus erging, wenn er historisch nicht ganz korrekt versuchte, zwischen den edlen französischen Stämmen und den barbarischen Vandalen zu unterscheiden, bezog sich Grégoire mit diesem Begriff auf die geschichtlich verbürgte Plünderung Roms im Jahr 455 durch den ostgermanischen Stamm der Vandalen. Sie markiert den Abschluss der Zerstörung des römischen Imperiums, die den folgenden Generationen lediglich Fragmente und Überbleibsel römischer Kunst zurückließ.

Am 10. März 1914 betrat die Suffragette Mary Richardson die National Gallery in London, schlitzte den Rücken der Venus von Diego Velázquez' Bild *Rokeby Venus* (1647) mit einem Hackmesser auf und verwundete sie so, als sei sie aus Fleisch und Blut. Richardson protestierte damit gegen die Verhaftung einer anderen Suffragette. Sie stellte durch ihr Handeln die Bedeutung von (weiblicher) Schönheit infrage. »Ich habe versucht, das Bild der schönsten Frau in der Geschichte der Mythologie zu zerstören«, schrieb sie später, »als Protest gegen die Zerstörung von Mrs. Pankhurst, die der schönste Charakter in der Geschichte der Moderne ist. Gerechtigkeit ist ebenso ein Element der Schönheit, wie es Farbe und Kontur auf der Leinwand sind.« Im Jahr 1974 sagte Tony Shafrazi den Wärtern im Museum of Modern Art in New York: »Rufen Sie den Kurator, ich bin ein Künstler.« Kurz zuvor hatte er die Worte »Kill Lies All« über Picassos *Guernica* (1937) gesprüht. Später wurde er in New York zu einem führenden Kunsthändler und Galeristen. Ein Jahr später, 1975, schlitzte ein Mann mit einem Brotmesser Rembrandts *Nachtwache* (1642) auf, während er sich eines Museumswärters erwehrte. Den Umstehenden erklärte er, er habe es für Gott getan.

Dies ist eine nur kursorische Liste hoch poetischer Akte von Vandalismus gegen Kunstwerke. Dieser spezifische Typus von Aggression gegen Bilder ist den Debatten über Kunst verwandt, mit denen sich die Kunstwelt im Jahr 2017 befasste. In den vergangenen drei Jahren haben zahlreiche weitere Fälle von abgesagten Ausstellungen, von zensierten oder mit Photoshop bearbeiteten Kunstwerken und Filmen gezeigt, dass sich der Wind dreht. Nicht mehr ästhetische Belange, die sich aus dem Kunstwerk selbst ableiten, sondern politische Anliegen bestimmen die Debatte. Die Paradigmen, wie über Kunst und ihre Zurschaustellung nachgedacht wird, verschieben sich.

Amor als Sieger ist unzweifelhaft das provozierendste und herausforderndste Bild in Caravaggios Werk. Angeblich versteckten es seine ersten Besitzer, der Bankier Vincenzo Giustiniani und sein Bruder, der Kardinal Benedetto Giustiniani, hinter einem schwarzen Vorhang. Besuchern zeigten sie das Gemälde nur unter gewissen Bedingungen. Der Bankier und der Kardinal, beide Intellektuelle, waren Caravaggios wichtigste Mäzene und zu ihrer Zeit die kenntnisreichsten und fortschrittlichsten Kunstsammler in Rom. Zum Zirkel der Unterstützer Caravaggios gehörten Angehörige der römischen Elite, Mitglieder des Hochadels, des Bankwesens und des Klerus. Männer mit exquisitem Geschmack wussten die skopophilischen Ereignisse zu schätzen, die Caravaggios Bilder darstellten. Das Bild, das Friedrich Wilhelm III., König von Preußen, im Jahr 1815 mit fünf weiteren Bildern Caravaggios erworben hatte (wovon nur zwei den Zweiten Weltkrieg überstanden), erregte auch im Berlin des 21. Jahrhunderts Widerspruch.

Verfasser eines offenen Briefs stießen sich an der provozierenden kindlichen Sexualität von Caravaggios Amor. Sie forderten im Jahr 2014, das Bild, das »zweifellos der Erregung des Betrachters« diene, solle nicht mehr gezeigt werden.

Das Porträt, das Eros, den griechischen Gott der Liebe, in einem scharfen, kontrastreichen Realismus wie in einem Spiegelbild zeigt, strahlt auf unverhüllt verführerische Weise. Wie in vielen Gemälden von Caravaggio kann man die individuelle Präsenz eines spezifischen Modells spüren. Hier trägt das Modell, das wohl nicht älter als dreizehn ist, akkurat gemalte Flügel aus Federn. Sein Lächeln scheint trotz jugendlichen Alters erfahren, dasselbe gilt für die Pose seines nackten Körpers. Sein linkes Bein ist in einem 90-Grad-Winkel nach hinten geneigt, sein rechtes Bein berührt den Boden. Mit einem herablassenden und verführerischen Lächeln[3] blickt der Junge den Betrachter an. Er scheint sich trotz der absurden, instabilen Pose wohl zu fühlen. Sein linker Arm streckt sich nach hinten, vielleicht um die Quelle des Genusses anzuzeigen, die er zu bieten hat. Das Modell ist als Francesco Boneri identifiziert worden, der wahrscheinlich mit Caravaggio zusammengelebt und möglicherweise auch das Bett mit ihm geteilt hat. Boneri hat auch danach für Gemälde Caravaggios Modell gestanden. Später wurde er selbst Maler und als Cecco del Caravaggio bekannt. Der Junge scheint sein Gewicht auf eine Bank zu stützen, hinter der ein blauer Globus mit gelben Sternen zu sehen ist. Zu seinen Füßen und auf der mit einem Tuch bedeckten Bank sind verschiedene Objekte auf meisterhafte Weise abgebildet: eine Rüstung, Musikinstrumente, ein Notizbuch, ein Federkiel, ein Kompass und ein Lorbeerkranz.

In der gyroskopischen Komposition von *Amor als Sieger* (um Stellas Metapher zu folgen) ist die Orthogonale nicht an der Peripherie des Bildes verankert, um sich nach innen auf den Fluchtpunkt zu projizieren. Die Projektion scheint vielmehr von einer zentralen Achsenkreuzung über dem Penis Amors auszugehen, sich nach außen zu richten und an den Endpunkten des Bogens, der Flügel und der Füße zu orientieren. Wie der Titel des Bildes, »Die Liebe besiegt alles«, bereits andeutet, übersteigt die Liebe, in diesem Fall das anatomische Instrument der physischen männlichen Liebe, alle anderen Dimensionen, mit denen sich Eros schmückt: den Tod (die schwarzen Schwingen), die Musik (die Instrumente), das Wissen (Notizbuch, Federkiel und Kompass) und den Krieg (Rüstung und Lorbeerkranz).[4]

3 »Un quadro con un Amore ridente in atto di dispregiare il mondo« (ein Gemälde eines lachenden Amor, voller Verachtung für die Welt) hieß es in der Bildbeschreibung von Vincenzo Giustinianis Inventarliste.

Aber dieser Sieg, der von dem in V-Form gezeigten Winkelmesser und dem vergrößerten Buchstaben V angedeutet wird, mit dem das Lied im abgebildeten Notizbuch, aber auch der Name des Mäzens Vincenzo Giustiniani beginnt, ist möglicherweise so instabil wie Eros' Position, an den Globus angelehnt.

Das Metropolitan Museum in New York hat die Petition für die Entfernung von *Thérèse* zurückgewiesen und stand zu seinem Bekenntnis, das Gemälde weiterhin zu zeigen. Die Whitney Biennale weigerte sich, Dana Schutz' Bild abzuhängen. Die Berliner Gemäldegalerie wies das Ansinnen zurück, *Amor als Sieger* zu verstecken. Der Forderung, die Institutionen sollten den Massen das eigene Verhalten erklären oder gar Gemälde ersetzen (»Sie können einfach ein anderes Gemälde aufhängen«, hieß es etwa in der Petition der Merril-Schwestern), liegt der Wunsch zugrunde, Kunstausstellungen wie einen *Safe Space* zu organisieren: Wenn Bilder uns mit Gefühlen konfrontieren, die wir nicht ertragen können, die uns beleidigt explodieren lassen und ein Gefühl von Unrecht triggern, müssen wir vor ihnen beschützt werden. Wer aber soll das entsprechende Sicherheitszertifikat ausstellen? Es ist offensichtlich, dass auch die Beziehungen zwischen der Kunst und den Massen, wie sie im 19. Jahrhundert etabliert worden sind, heute wieder im Fluss sind. Eine alte Frage kehrt vehement zurück – ist Kunst für die vielen oder für wenige?

Wenn Kunst in die Zirkulation der Bilder eingespeist wird, führt das zu einer Vermischung von wörtlich genommenem »Inhalt« und dem Figurativen, Metaphorischen. Es ist aber die Form eines Gemäldes, die sein Inhalt *ist*. Der Kunst werden totalitäre Ansprüche unterstellt, die sie nicht besitzt und auch nicht besitzen sollte. Gegen die Möglichkeitsform der Kunst zu argumentieren, das Figurative wörtlich nehmen zu wollen, heißt, einen Machtkampf hinter einem ästhetischen Disput zu verstecken. Dieser Kampf ist aber weder einer der Moral noch der Ästhetik, er ist nur politisch.

4 Dies sind einige der üblichen symbolischen Gegenstände, die für die sieben freien Künste stehen, die zu einer angemessenen Erziehung gehörten. Seit dem Mittelalter setzten sich die *artes liberales* aus den drei Künsten des Triviums – Grammatik, Logik und Rhetorik – sowie des Quadriviums – Geometrie, Arithmetik, Astronomie und Musik – zusammen.

Der Körper der Malerei

Susanna und die beiden Alten (1647) von Rembrandt van Rijn

Eine junge Frau ist dabei, ins Wasser zu treten. Sie wirft uns einen Blick zu, aus dem Sorge, Angst und Verzweiflung sprechen, während ihr nackter Körper sich nach vorn beugt. Ihre blasse Haut glüht unter dem Lichtstrahl, der die rechte Seite dieses Ölgemäldes auf Tropenholz, Rembrandt van Rijns *Susanna und die beiden Alten* aus dem Jahr 1647, erleuchtet. Susanna hat wohl gerade erst ihren opulenten Umhang abgelegt und ihre Pantoffeln abgestellt. Beide sind in warmem Rot gemalt. Man meint, beinahe die Wärme ihrer Füße fühlen zu können, die eben aus den Pantoffeln herausgeschlüpft sind. Susanna möchte ein Bad nehmen, und ihr rechter Fuß, stabil und kräftig, ist bereits ins klare Wasser getaucht. Ein elegant gekleideter älterer Mann ist derweil gerade dabei, ihr mit der linken Hand das Tuch herunterzuziehen, das um ihre Hüften geschlungen ist, während er sein Kinn auf seine Rechte stützt. Begleitet wird der Mann von einem bärtigen Alten, der weniger detailreich gemalt ist. Doch auch sein verschlossenes Gesicht wird vom Licht erleuchtet. Beide haben sich hinter ihr überraschtes und hilfloses Opfer auf die steinerne Treppe zum Wasser geschlichen. Susannas Blick macht uns zu Zeugen des Geschehens.

Von Verschwörung und Verleumdung handelt die Geschichte Susannas, von der im Buch Daniel berichtet wird. Sie erzählt von der tugendhaften jungen Frau eines wohlhabenden babylonischen Juden, die von zwei Richtern erpresst wird. Sie versuchen Susanna dazu zu nötigen, mit ihnen zu schlafen. Voller Gottvertrauen weigert sie sich, worauf sie von den Richtern der Unzucht bezichtigt wird. Sie habe sich am Bad mit einem Liebhaber getroffen. Sie wird wegen Ehebruchs zum Tod verurteilt, aber vom jungen Daniel gerettet.

Susanna und die beiden Alten war ein beliebtes Motiv im Amsterdam des 17. Jahrhunderts, wo ein calvinistischer Ikonoklasmus zu einer Verbannung der meisten Kunstwerke aus den Kirchen geführt hatte, auch wenn es sich um Gemälde mit religiösen Sujets handelte. Biblische Szenen wurden stattdessen nun für die säkulare häusliche Sphäre gemalt, und die Malerei florierte. Eine besondere Spannung zwischen spiritueller Passion und

Alltagsleben, die Rembrandts Gemälde und die anderer Maler des niederländischen »Goldenen Zeitalters« als Resultat dieser mentalen Disposition miteinander teilen, durchdringt *Susanna*.[1] Nirgends ist in der biblischen Geschichte die Rede von einem Bad oder von einem physischen Übergriff. Aber wie im Fall anderer biblischer oder mythologischer Erzählungen mit weiblichen Protagonisten diente das Thema seit dem 16. Jahrhundert als Vorwand, um von der Tugend gebilligt den (erotischen) Akt zu zeigen.

Die niederländische Kultur jener Zeit war von einer moralischen Ambiguität bestimmt, die der Wohlstand mit sich brachte. Die Wirtschaft des Landes hatte sich im Lauf der ersten Hälfte des 17. Jahrhunderts zur weltweit dominierenden entwickelt, die Niederlande waren zur globalen Macht geworden. Reichtum und demonstrativer Konsum – von Ming-Porzellan, Lyoner Seide, brasilianischen Smaragden, orientalischen Gewürzen und anderen weltlichen Schätzen – verbanden sich mit den Zwängen calvinistischer Selbstbeschränkung und Scham.[2] In einem Zeitraum von weniger als hundert Jahren überstand die kleine Nation mit zwei Millionen Einwohnern eine Flut, in der die flache Landschaft beinahe unterging, und einen achtzig Jahre dauernden Krieg mit Spanien. Die Niederländer entwickelten die Vorstellung, eine auserwählte Nation zu sein, deren Auswirkung noch heute zu spüren ist. Dabei sahen sie sich vor grundlegende Fragen gestellt: Wie kann man stark sein, und doch rein? Wie kann man reich sein, und doch bescheiden?

Rembrandt war 41 Jahre alt, als er das Gemälde im Jahr 1647 vollendete, zwölf Jahre nach den ersten Skizzen des Motivs. Der Malprozess scheint aufwändig gewesen und von einem dynamischen Ideenaustausch innerhalb seines Studios begleitet worden zu sein. Zahlreiche Zeichnungen und Skizzen sowie ein früheres Gemälde, das sich ebenfalls in der Berliner Gemäldegalerie befindet, bezeugen eine kontinuierliche, außergewöhnlich lange Beschäftigung mit dem Sujet. In *Susanna und die beiden Alten* (nach 1636, heute seiner Werkstatt zugeschrieben) ist der Rücken der ungekämmten und hockenden Susanna so hell, dass er seine dunkle Umgebung wie eine Lichtquelle neutralisiert; eine weitere frühere *Susanna* (1636, heute im Mauritshuis in Den Haag) zeigt eine filigran beschnittene Version der Szene, wie sie auf dem Berliner Gemälde erscheint, wobei sich die nackte Susanna dem Künstler und Betrachter zuwendet, während

1 Solchen Dispositionen des Gemäldes, als Andachtsbild und häusliches Interieur zugleich zu dienen, mag später die moderne Kunst nördlich der Alpen geprägt haben, insbesondere in den Werken von Vincent van Gogh, Piet Mondrian, Wassily Kandinsky, oder Kasimir Malewitsch.

2 Siehe Simon Schama, *The Embarrassment of Riches. An Interpretation of Dutch Culture in the Golden Age*, New York 1987.

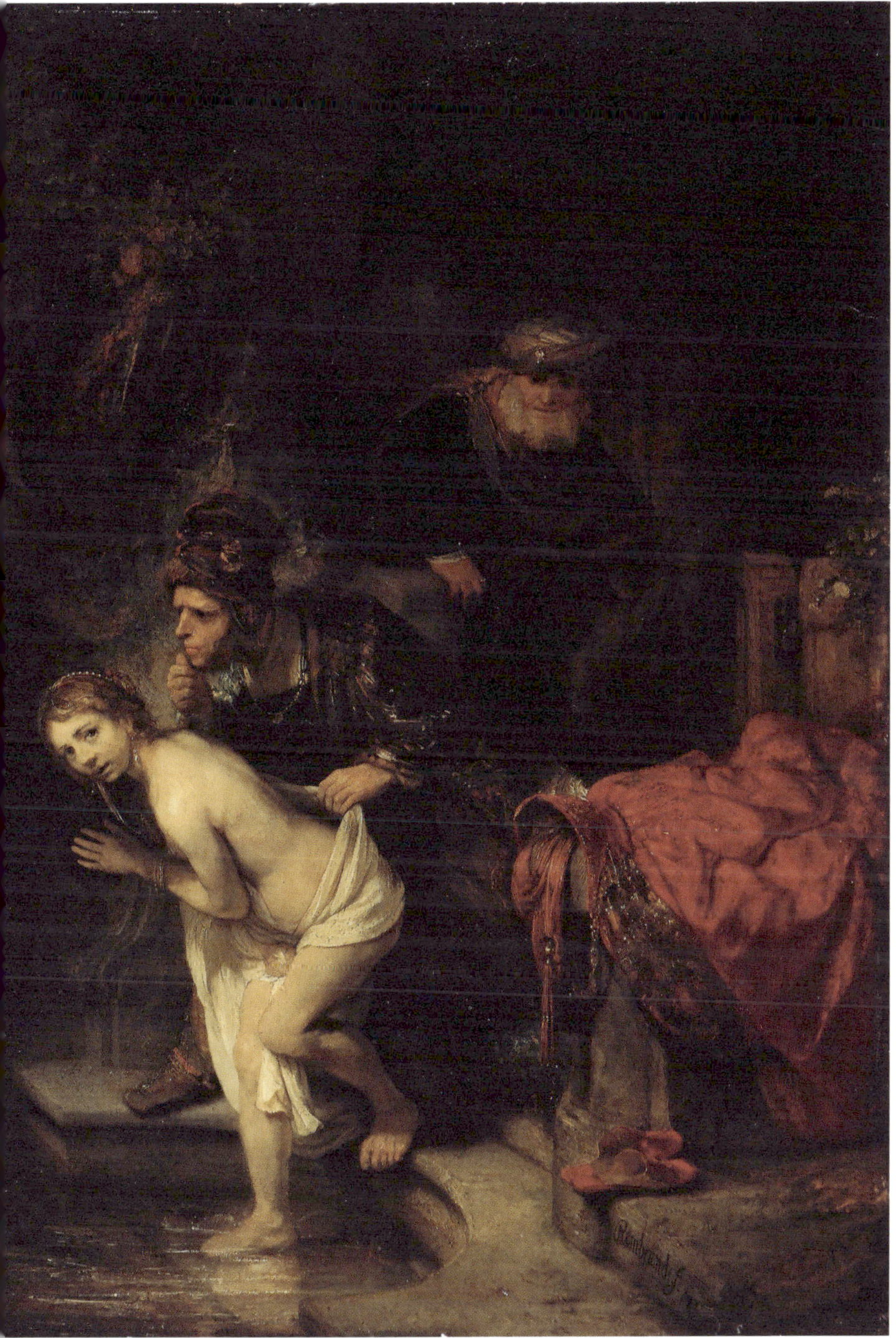

sich die beiden Alten, kaum zu erkennen, in den lebensecht gemalten Büschen verstecken.

Was aber war das eigentliche Sujet des Bilds? Als Künstler und Leiter einer Werkstatt kehrte Rembrandt immer wieder zum Moment der sich entkleidenden, sich auf das Bad vorbereitenden Frau zurück. Auch die später entstandenen *Bathseba an ihrem Bad* (1654, jetzt im Louvre in Paris) und *Frau badet am Fluss* (ebenfalls 1654, jetzt in der National Gallery in London) können zu diesem Unternehmen gezählt werden. Anders als in Abbildungen badender Frauen, die voyeuristische Begierden befriedigen sollen, scheint sich Rembrandt mehr für den Augenblick als solchen zu interessieren, in der eine Frau sich entblößt. Dabei erkennt er die Machtverhältnisse an, in denen der Künstler auch ein Beobachter ist, der einen intimen Moment stört. Scham, Bewusstsein und Versuchung fließen ineinander.[3] Es handelt sich also nicht um eine bloße Verdinglichung der Frau durch die Alten, den Maler und schließlich den Betrachter. Rembrandt stellt vielmehr den Augenblick dar, in dem ein intimer Kreislauf unterbrochen, die Präsenz der Frau sich selbst gegenüber in Frage gestellt wird. Dieser Moment markiert einen Zusammenbruch; der Spalt, der sich hier auftut, ist wesentlich. Er trennt Susanna von sich selbst.[4]

Rembrandt ließ sich für sein Bildnis der Geschichte Susannas offenkundig von Pieter Lastmans Gemälde aus dem Jahr 1614 inspirieren. Heute hängen beide Bilder nebeneinander in der Berliner Gemäldegalerie. Doch während Lastmanns Gemälde einer theatralischen Choreografie in hoher Auflösung vor dem Hintergrund eines naturalistischen Gartens folgt, in der die Blicke sich auf nichts und niemand zu richten scheinen, erfüllt Rembrandts Bild den Betrachter mit Schrecken. Susanna erscheint als menschliche Präsenz aus Farbe, die man greifen zu können meint. Die hoffnungslose Situation, einem männlichen Überfall ausgeliefert zu sein, erzeugen Scham und Mitleid beim Betrachter.

Die vom Schrecken geweiteten Augen Susannas könnten ein Gefühl der Intimität zwischen Modell und Künstler offenbaren. Mit hoher Wahrscheinlichkeit war es Hendrickje Stoffels, die Rembrandt im Atelier als Susanna Modell stand und auch hier die Rolle seiner verstorbenen Frau Saskia einnahm. Indem Rembrandt oft Frauen, die ihm nahe standen, als

3 »Scham ist von allen Emotionen die isolierendeste, aber auch die primitivste soziale Reaktion [...] zugleich die Entdeckung der Isolation des Individuums, seiner Präsenz sich selbst, aber auch anderen gegenüber.«, Stanley Cavell, *Must We Mean What We Say?* Chicago 1976, S. 286.

4 Siehe Joan Copjec, »The Object-Gaze: Shame, Hejab, Cinema«, in: *Filozofski vestnik*, 27. Jg., 2006.

Modelle nutzte, machte er sein Inneres und sein Privatleben auf der Leinwand öffentlich. Als er das Bild beendete, war er bereits sechs Jahre verwitwet. Seine Ehe mit Saskia scheint nicht nur dem Wunsch nach sozialem Aufstieg geschuldet gewesen zu sein, sondern war, nach allem, was wir wissen, eine Liebesbeziehung. Saskia war gestorben, als ihr gemeinsamer Sohn Titus noch ein Säugling war. Die zwanzig Jahre jüngere Hendrickje wurde bald darauf seine Geliebte und gebar die Tochter Cornelia, benannt nach Rembrandts Mutter. Die beiden lebten zusammen, heirateten aber nie, um Rembrandts Erbe nicht zu gefährden, und Rembrandt zeigte Hendrickje später offen in mehreren seiner wichtigsten Frauendarstellungen, insbesondere der *Bathsheba* (1654). Das hat vermutlich den Amsterdamer Kirchenrat im selben Jahr dazu veranlasst, Hendrickje wegen des Vorwurfs zu rügen, in Unzucht mit Rembrandt zu leben.

Die Vorstellung liegt nahe, dass Hendrickjes Identifikation mit der belästigten und entblößten Susanna heute noch in den von Rembrandt gemalten Gesichtszügen zu lesen ist. Hendrickje wurde mehrfach durch den Kirchenrat und von Gerichten verfolgt, blieb aber bis zu ihrem Tod an Rembrandts Seite. Sie sorgte für ihn, als seine Popularität bei Kunden und Händlern schwand, er Konkurs anmelden musste und trotz seines durchaus vorhandenen Bewusstseins, ein herausragender Maler zu sein, offiziell Angestellter seiner Geliebten und seines Sohns wurde. Rembrandts Frauenbilder riefen noch zu seinen Lebzeiten Kritik und Empörung hervor. Warum malte er gewöhnliche Bäuerinnen anstelle einer griechischen Venus? Andries Pels, ein niederländischer Dichter, schrieb 1681 über den Maler: »Hängende Brüste, verkrümmte Hände, sogar die Abdrücke des Schnürmieders über dem Bauch oder das Strumpfband auf dem Bein: all das musste gezeigt werden, als schulde man das der Natur. Er verweigerte, sich Regeln oder Gründen des Maßhaltens zu unterwerfen, wenn er Körperteile zeigte.«[5] Der britische Autor Benjamin Robert Haydon wurde noch deutlicher. Rembrandts »Ansichten der zarten Formen der Frauen hätten einen Eisbär erschreckt«, schrieb er 1838 in der Encyclopaedia Britannica. Unzweifelhaft waren es immer bestimmte Frauen, die dem Künstler Modell standen. Rembrandt führte einen weiblichen Akt in die Malerei ein, der weder ein Monument des Idealen noch Quelle eines voyeuristischen Vergnügens ist, sondern durch einen kompromisslosen Naturalismus, der uns kein Detail erspart, als Mensch aus Fleisch und Blut erscheint. Rembrandts Akte sind dennoch liebevoll und voller Begehren. Diesen Widerspruch begriffen auch manche Betrachter im 20. Jahrhundert

5 Simon Schama, »Rembrandt and Women«, in: *Bulletin of the American Academy of Arts and Sciences*, 38. Jg., Nr. 7, April 1985, S. 21–47.

nicht, selbst wenn sie Rembrandts Frauendarstellungen verteidigten. Kunsthistoriker wie etwa Kenneth Clark oder später Simon Schama schienen von Befangenheit geprägt zu sein.[6]

Als ultimative Allegorie war der weibliche Akt ein unendlich fruchtbares und prägendes Prinzip für die männliche Kunstproduktion in der Neuzeit, indem er sowohl ein Vehikel für das Begehren des Künstlers als auch für seine Reflexion über die Konventionen der Malerei war. Fleischlich oder erhaben, ideal oder obszön steht der weibliche Akt von Rembrandt bis Marcel Duchamp immer auch für die Malerei als solche. Der Akt dient als Projektionsfläche, zumindest solange die Geschichte der abendländischen Kunst von Männern beherrscht ist; ein vielgestaltiger allegorischer Körper der Malerei.

Auf der Oberfläche der Leinwand wird das gemalte Licht schwächer, je weiter es sich vom hellen Mittelpunkt Susannas entfernt. Der Rest des Gemäldes, das als eines von Rembrandts Meisterwerken in der reichen Sammlung der Gemäldegalerie gilt, ist leicht verschmiert – zu sehen sind eine braun-grüne, auf grobe Weise unausgeführte Palastarchitektur und Vegetation, die den Gartenteich umgibt.

Zwar sagte der Kunsthistoriker und Kritiker Adolf Rosenberg über das Bild anlässlich seines Erwerbs durch die Berliner Gemäldegalerie im Jahr 1883, es sei »ebenso sehr von jeder Beschädigung wie von jeder fremden Hand verschont geblieben«, doch hat man das Gefühl, dass etwas an dem Bild nicht stimmig ist. Seine Pastosität ist präsent und beinahe greifbar, so wie man es von Rembrandt kennt. Auch die Organisation des Lichts scheint auf den ersten Blick typisch zu sein: Rembrandt bediente sich des Chiaroscuro, der Hell-Dunkel-Malerei, um Teile seiner Bilder zu betonen. Er »beleuchtete« sie, um dramatische Effekte hervorzurufen. Diese Beleuchtung orientierte sich nicht notwendigerweise an einer korrekten physischen Repräsentation. Im Lauf der Zeit lösten sich bei Rembrandt Licht und Schatten vom Bild und dienten immer stärker der Malerei als solcher. Aber die plumpen Details und die überwältigend düsteren zwei Drittel des Bilds um die drei Figuren herum vermitteln eher den Eindruck, dass dieses Gemälde in eine milchig-grüne Soße getaucht worden sei.

Diese Unbeholfenheit des Gemäldes wurde im Zuge einer sensationellen Entdeckung bestätigt und dargelegt, als Katja Kleinert, Kuratorin für niederländische und flämische Kunst des 17. Jahrhunderts, und die

6 Kritik und Verteidigung hielten sie von der Erkenntnis ab, dass Gustave Courbet gut 200 Jahre nach Rembrandt, indem er abbildete, was kein neuzeitlicher (westlicher Maler) vor ihm tat, den Ursprung von allem zeigte, die Wahrheit der Malerei. Sie überdeckt, verbirgt, sie verlockt und sie verleumdet.

Konservatorin Claudia Laurenze-Landsberg von der Gemäldegalerie der Staatlichen Museen zu Berlin im Jahr 2015 die enthusiastische Begutachtung Rosenbergs von 1883 vom Kopf auf die Füße stellten. Wahrscheinlich war das Gemälde bereits im Jahr seiner Fertigstellung verkauft worden. Im 18. Jahrhundert erwarb es Sir Joshua Reynolds (1723–1792). Der ehrgeizige englische Maler und Gründungspräsident der Royal Academy kaufte das Bild durch Vermittlung seines Freunds, des Autors und konservativen Politikers Edmund Burke.

Richard Earlom kopierte die *Susanna* Rembrandts bereits 1769, als das Bild in Reynolds Sammlung gelangte. Wenn man sich sein Schabkunstblatt betrachtet, das heute ebenfalls in Berlin aufbewahrt wird, lässt sich nachvollziehen, dass Reynolds große Teile von Rembrandts Originalmalerei entfernt und großflächig übermalt hat. Auf den Vergleich mit Earloms Kopie folgten Röntgen- und Pigmentuntersuchungen und führten zu einem schockierenden Befund: Reynolds besaß eine beeindruckende Sammlung von Meistern der römischen, Florentiner, Bologneser, venezianischen, französischen, flämischen und niederländischen Malschulen, darunter 27 Bilder von Rembrandt, aber auch mehrere Werke von Bellini, Tizian, Velázquez und Rubens. Offensichtlich korrigierte und veränderte er viele von ihnen.

Das Team der Gemäldegalerie fand in Zusammenarbeit mit dem Reynolds Research Project im Fall der *Susanna* heraus, dass Reynolds hier besonders ausgeprägtes Selbstbewusstsein zeigte, als er seine Modifizierungen vornahm. »Man sieht selten ein Bild eines großen Malers, das nicht verunstaltet und beim Reinigen ausgebessert wurde und dadurch die Hälfte seines Werts eingebüßt hat«, schrieb Reynolds.[7] Er kritisierte damit zeitgenössische Eingriffe in Kunstwerke und machte zugleich deutlich, dass es ihm selbst um Wertsteigerung und Verbesserung ging. Nur wenige Bereiche der Leinwand der *Susanna* blieben durch den neugierigen und experimentierfreudigen Meister Reynolds unberührt. Sein Drang, das Gemälde zu verbessern und noch ›rembrandthafter‹ zu machen, ließ ihn zu einer dunkleren Farbpalette greifen und einen viel diffuseren und gröberen Hintergrund malen, der ganze Teile des Rembrandt'schen Gartens eliminierte und durch neue Details ersetzte. Zwei flüchtende Dienerinnen Susannas ließ Reynolds vollständig hinter schmutzigem Grund verschwinden. Stereoskopaufnahmen zeigen mit feinem Pinsel sorgfältig gemalte Details des von Rembrandt gemalten Gartens, aber auch in der Kleidung der Figuren, die Reynolds übermalte. Vielleicht wollte er damit das Verhältnis zwischen Hintergrund und Figuren verbessern, durch die Betonung der

7 David Bomford, »Picture Cleaning: Positivism and Metaphysics«, in: *The Conservation of Easel Paintings*, hrsg. von Joyce Hill Stoner und Rebecca Rushfield, Oxford/New York 2012, S. 485.

drei Figuren im Vordergrund den Fokus noch stärker auf die vom Gemälde erzählte Geschichte lenken. Die größte Veränderung zeigt sich im Gesicht des bärtigen Alten an der in den Stein gehauenen Treppe, an das Reynolds ebenfalls Hand anlegte. Auf Richard Earloms Kopie zeigt der Alte ein abstoßend anzügliches Grinsen mit offenem Mund und gebleckten Zähnen. Reynolds milderte dessen Gesichtsausdruck, verschloss den Mund des Manns und malte ihm ein gemütliches Grinsen ins Gesicht.

Glücklicherweise hat Reynolds die Figur der Susanna fast unversehrt gelassen. Vielleicht war er mit Rembrandts Interpretation zufrieden. Sie sieht uns vermutlich heute noch so an wie vor dreihundert Jahren, anders als der Rest des Gemäldes. Reynolds Überarbeitung, die uns heute beinahe unvorstellbar erscheint, mag ein Fall von besonderem Eifer gewesen sein.[8] Aber sie bezeugt auch, dass eine Verschiebung stattgefunden hat. Der Ort, dem die Autorität des Kunstwerks entspringt, ist ein anderer geworden. Reynolds Überidentifikation galt dem Gemälde, also dem Kunstwerk – das er als übermalbare Oberfläche betrachtete – und weniger dem Maler, dem Künstler. Er schien von der Idee angetrieben zu sein, dass die Kunst größer ist als diejenigen, die sie schaffen oder ausführen, und dass er, Reynolds, der Kunst zuliebe das Gemälde von den Beschränkungen eines einzelnen Künstlers, in diesem Fall Rembrandt oder seiner Werkstatt, zu befreien habe. Gute Kunst als solche, und wie er sie verstand, ist die Quelle der Autorität, die ihn zum Handeln auffordert.

Seit dem Übergang des Kunstwerks aus der privaten Sammlung des Malers Reynolds (der seine eigene britische Renaissance im London des 18. Jahrhunderts etablieren wollte) in die Sammlung des königlichen, später nationalen Museums haben sich ein weiteres Mal die Koordinaten geändert, die den Wert des Kunstwerks bestimmen. Die wissenschaftliche Autopsie des Kunstwerks dokumentiert seinen Entwurf und bewertet seine Provenienz. Ihr geht es darum, den Urheber zu finden und zu bestätigen. Der enzyklopädische Container des Museums versucht nicht nur, *Susanna* auf Rembrandt zurückzuführen, sondern dem Kunstwerk auch eine Aura wiederzugeben, deren Ort sich verschoben hat.

Ironischerweise hat das Gemälde, das wie die biblische Geschichte der Susanna von Verschwörung und übler Nachrede handelt, selbst Gewalt erfahren. Nicht nur die Unversehrtheit des Körpers der Frau, wie er für sich selbst und in seiner Ungesehenheit existiert, wurde verletzt, sondern auch die Absichten des Künstlers. Die physische Bloßstellung Susannas verweist auf die Vertuschung, die das Gemälde selbst ist – je genauer wir es betrachten, desto weniger wissen wir, was wir sehen.

8 Der im Juli 2019 in Echtzeit aus dem Rijksmuseum in Amsterdam ins Netz gestreamte, mehrere Millionen Euro teure Restaurationsprozess von Rembrandts *Nachtwache* (1642), zeigt die Entwicklung der Kunstbetrachtung und der Betonung von Originalität seit der Zeit Reynolds' im 18. Jahrhundert. Das Gemälde, das die Amsterdamer Büchsenschützengilde in Auftrag gegeben hatte, markiert den Höhepunkt von Rembrandts Karriere (zu einer Zeit, da sich sein Privatleben sehr schwierig gestaltete). Es wurde im Jahr 1715 auf allen Seiten beschnitten, um durch die zwei Türen im zweiten Stock des Nieuwe Stadhuis zu passen. Heute, da die Ziele der Forschung auf diejenigen von Tourismus und Unterhaltung treffen, wird das Kunstwerk wieder als sowohl Spektakuläres als auch Heiliges etabliert.

Joseph und die Frau des Potiphar (1655) von Rembrandt van Rijn

Dunkelheit umfängt die Protagonisten von allen Seiten auf Rembrandts mittelgroßem Gemälde aus dem Jahr 1655, das *Joseph und die Frau des Potiphar* betitelt ist. Unsere Augen werden von Potiphars Frau angezogen, die auf einer Ecke ihres Betts sitzt, ihr üppiges Décolleté ist entblößt. Erhabene, helle Farbschichten illuminieren die Figur. Mit einer Hand berührt sie ihre Brust, die zum Teil von einer opulenten rötlichen Robe verhüllt wird. Ihre andere Hand ist in Richtung des Betrachters außerhalb des Bildes ausgestreckt und vollführt eine energische Geste, die zugleich einladend, überzeugend und bedrohlich wirkt. Sie scheint eine Geschichte anzudeuten, eine verführerische Gebärde zu vollführen. Zu ihrer Linken befindet sich Potiphar, der einen Turban trägt. Jenseits des Betts, zu ihrer Rechten, sehen wir die Figur des sich verbeugenden Joseph; seine Handfläche, die nicht zur Gänze ausgeführt zu sein scheint, streckt er dem Paar entgegen, als wolle er »Nein!« sagen.

Als calvinistischer Bibelleser wählte Rembrandt oft selten zuvor abgebildete biblische Szenen als thematischen Rahmen für seine Bilder aus, und um einen solchen Fall handelt es sich bei der Geschichte von Joseph und der Frau des Potiphar. Dieser Topos war weit weniger populär als die Geschichte von *Susanna und den beiden Alten* aus dem Jahr 1647. Die biblische Geschichte erzählt uns davon, wie die Frau eines wohlhabenden Mannes, Potiphar, den hübschen hebräischen Diener Joseph zu verführen sucht, der von seinen neidischen Brüdern verkauft worden war und Segen über Potiphars Haus brachte. Als sie ihn zu zwingen versucht, sich zu ihr ins Bett zu legen, und nach seinen Kleidern greift, flieht er nach draußen und lässt seinen Kittel in ihren Händen zurück. Dieser dient Potiphars Frau nun als falscher Beweis für den Geschlechtsakt zwischen beiden. Als Potiphar nach Hause zurückkehrt, zeigt sie ihm Josephs Jacke und beschuldigt Joseph, sie vergewaltigt zu haben. Joseph wird ins Gefängnis geworfen, ein ursprünglich unglückliches Ereignis, das ihn aber schließlich an den Hof des Pharaos führen wird.

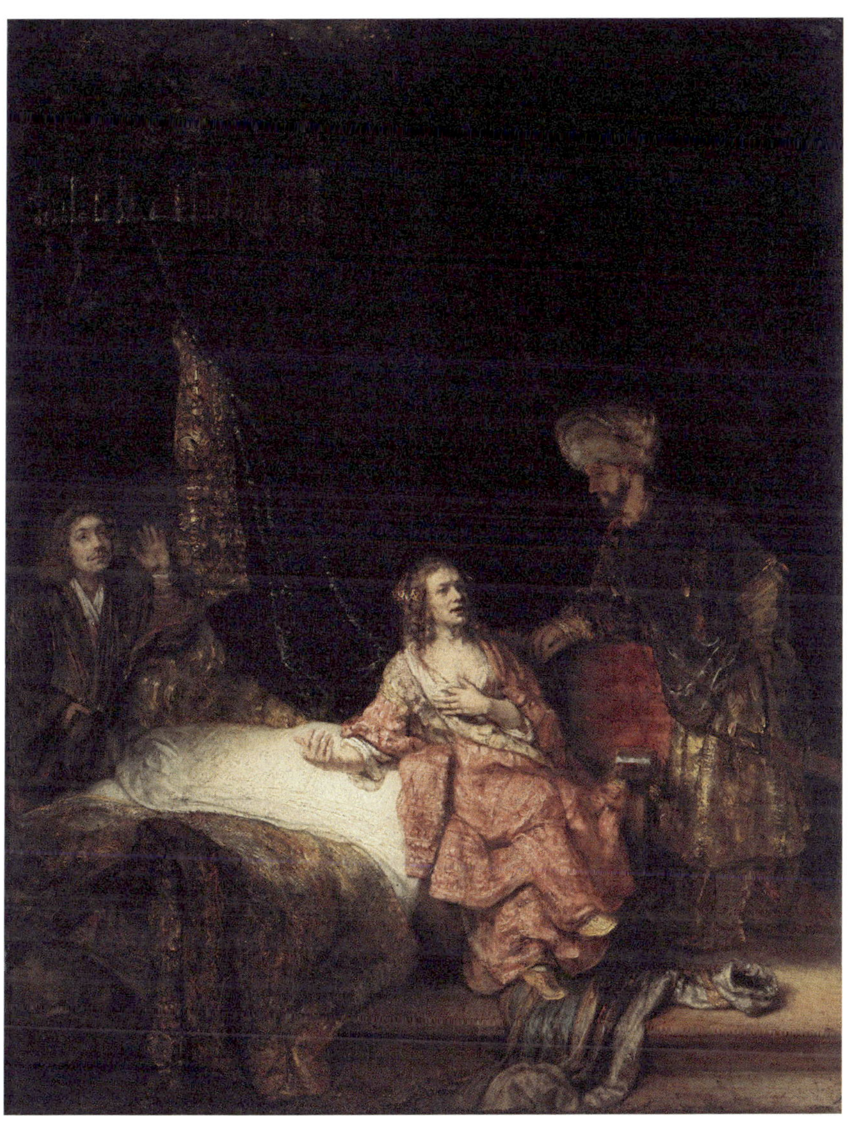

Die Figuren der Susanna und der Frau Potiphars verkörpern Handlungen des Entkleidens und Verhüllens. Die biblische Szene der Susanna im Bad wurde in der Malerei oft als Gelegenheit betrachtet, eine nackte Frauenfigur darzustellen. Rembrandt entschied sich bei allen von ihm gemalten Variationen der *Susanna* dafür, den Blick des Betrachters zum Zeugen der Scham zu machen, die sich einstellt, wenn die sich entkleidende Frau beobachtet wird. Während Susanna aber in ihrer Nacktheit überrascht wird und ihr Körper vor Scham gebeugt ist, zieht dagegen Potiphars Frau den jungen Mann aus, der sich ihr entzieht. Diese Geschichte entwickelt eine außergewöhnliche Umkehrung, einen Rollentausch, der den Mann zum Opfer macht, bringt ihn also in eine Position, die sonst den Frauen vorbehalten ist. Darüber hinaus schreibt sie der Figur des Joseph weibliche Attribute, Potiphars Frau dagegen männliche Züge zu. Während er als schön und geliebt beschrieben wird (»Josef war schön von Gestalt und Aussehen.«[1]), tritt sie fordernd auf und ist zum Angriff bereit. Er wahrt seine Unschuld und gibt sich nicht hin. Sie ist die mächtige Frau des Hausherrn; er ist ein Sklave. Sie ist etabliert und eine Einheimische; er ist jung und ein Fremder. Er wird bestraft, obwohl er unschuldig ist.

Bilder dieses biblischen Vergewaltigungsversuchs aus der Zeit Rembrandts zeigen allesamt schnelle Bewegungen, den direkten Kontakt zwischen Mann und Frau und Nacktheit. Das ist etwa in den beiden Bildern der Fall, die Guido Reni 1626 und 1630 gemalt hat, in denen sich die beiden Figuren berühren. Jacopo Tintoretto präsentiert in seinem Gemälde aus dem Jahr 1555 Potiphars Frau vollkommen nackt und lässt sie eine akrobatische Bewegung vollführen, um Josephs Kittel vom Körper zu ziehen. Auch Rembrandts frühere Zeichnung der Szene zeigt einen physischen Kampf zwischen dem bekleideten Mann und der großen Frau, die in ihrem Alkoven liegt, wobei der Maler ihren dem Betrachter zugewandten nackten Unterleib mit gespreizten Beinen zeigt. In seinem Gemälde *Joseph und die Frau des Potiphar* jedoch ist die Komposition völlig statisch und scheint nur einen Protagonisten zu kennen: Potiphars Frau. Statt Joseph auszuziehen, tritt sie auf sein zerrissenes Gewand.

Drei übereinander liegende, mit der Spitze nach unten zeigende Dreiecke dominieren die Komposition und spielen fast plump auf die weibliche Sexualität an – stehen sie auf dem Kopf, um die weibliche Scham zu evozieren, deren Form mehr dem lateinischen Buchstaben »V« ähnelt als dem griechischen Delta? Das erste Dreieck, das durch den Ausschnitt und das Kleid von Potiphars Frau gebildet wird, zeigt uns ihr Geschlecht an; das zweite wird von den Laken in einem ähnlich hellen Weiß gebildet, seine Spitze

1 Genesis 39:6. Einheitsübersetzung.

liegt in der Mitte des Vordergrunds; das dritte besteht aus den erleuchteten Gesichtern Josephs und der ihn anklagenden Frau, seine Spitze erscheint an einem weiteren Lichtpunkt ihres Gewands, quasi zwischen ihren Knien.

Dreiecke kehren in Renaissancekompositionen immer wieder, sie deuten räumliche Tiefe an. Rembrandts Gemälde hingegen, die, wie Barockgemälde seit Caravaggio im Allgemeinen, einen neuen Modus bildlicher Repräsentation einführen, sind dagegen durch Diagonalen strukturiert. Ihnen ist es mehr darum zu tun, einen dramatischen Höhepunkt zu inszenieren – ursprünglich den letzten Sonnenstrahl, der auf Jesus' Haupt fällt. Die »V«-Formen müssen also als merkwürdig oder zumindest untypisch erscheinen. Es scheint beinahe, als wollten ihre Eckpunkte die Essenz weiblicher Sexualität auf den Punkt bringen und als sollten wir, die Betrachter, durch sie aufgefordert werden, diese Szene durch ihre dreimalige Beschwörung zu betrachten. Hier wird eine Verzerrung gezeigt, die jede Anschuldigung hervorruft, und solchermaßen beeinflusst, wem wir Glauben schenken: dem Angeklagten oder dem Ankläger. Die räumliche Organisation des Gemäldes und seine illuminierten Indikatoren lassen es für möglich erscheinen, dass beide männlichen Protagonisten diesem verzerrten und eingeschränkten Prisma der Wahrnehmung unterliegen.

Doch das Zentrum des Bildes ist weder die Frau in ihrer Bekleidung, noch ihre körperlichen Fülle oder ihr absichtsvoller Ausdruck. Der Kulminationspunkt des Dramas dieses Bildes ist eher in Potiphars Bett zu finden, das mit weißen Laken bedeckt ist. Es ist Tatort eines Verbrechens, das nicht stattgefunden hat, ein strahlender, schimmernder Farbfleck, der beinahe abstrakt erscheint. Wie *Susanna und die beiden Alten* erzählt auch dieses Bild von einer Verschwörung, einer Verleumdung, einer Lüge über einen Geschlechtsakt. In beiden Gemälden nimmt der Gegenstand des Bildes die Gestalt einer *Leerstelle* an. Beide Frauen scheinen sich selbst zu berühren; Potiphars Frau tut es auf theatralische Weise und mit einem Ausdruck verletzten Stolzes. Aber ihre Berührung ist mehr als scheinheilig vorgespielte Entrüstung. Diese Berührung scheint einen Kreis zu schließen, als ob sich in ihr das Gemälde selbst berührt. Halb angezogen, halb entblößt offenbart Potiphars Frau, wobei sie selbst diese Offenbarung ist, sowohl die Lüge als auch das Geheimnis – den Akt des Verbergens, der das Gemälde selbst ist. Was wir sehen, ist das Erscheinen eines Verbergens, das untrennbar den Gefilden des Weiblichen und des Sichtbaren zugehörig ist. Ihre Intrige ist die Verschwörung, die der Malerei eigen ist. Die klassische griechische Geschichte des Wettstreits zwischen den Malern Zeuxis und Parrhasius erzählt uns von zwei Strategien der Täuschung durch die Malerei: Zeuxis malt Trauben, die Vögel anlocken, aber Parrhasius übertrifft ihn doch. Er malt einen Schleier auf die Wand, der so realistisch wirkt, dass Zeuxis fragt, was sich dahinter befinde. Während Tiere durch den Schein des Realen irregeführt werden, werden die Menschen vom Schleier getäuscht, der die Wirklichkeit nicht nur imitiert, sondern auch verdeckt. Der Blick wird dazu verleitet, nachzusehen, was hinter dem Schleier ist. Die menschliche Art der Täuschung ist die Verlockung.[2]

Vielleicht sind deswegen viel seltener nackte Körper auf Rembrandts Bildern zu sehen als etwa bei den Werken der Maler Tizian oder Rubens. Seine Bilder sind voller Vorhänge, Stoffe, Schleier, Roben, Kleidungsstücke und Decken, die ihre Protagonisten in dicke, opulente, haptische Schichten von Fasern und Farbschichten verhüllen, umgeben und einwickeln und so den nackten Körper verschleiern.

Die Körper der Männer und Frauen werden zu einer prekären, vergänglichen Schöpfung, die nie vollkommen stabil oder statisch ist, als ob sich für einen flüchtigen Moment ein Vorhang hebt, um sofort wieder zu fallen. Unverkennbar mit der Leinwand verbunden, auf die sie gemalt wurden, werden die Figuren und Objekte auf Rembrandts Gemälden vor einer anatomischen, optischen Beschreibbarkeit geschützt, deren Gewalt Rembrandt in seinem Bild *Die Anatomie des Dr. Tulp* aus dem Jahr 1632 betont. Dort zeigt er uns das wissenschaftliche Sezieren als Vorgang, in dem der Leib zugunsten des Leichnams geopfert wird. Der Maler ist sich vielleicht schon bewusst, dass dies die Konsequenz der cartesianischen Spaltung des Seins in einen vom Körper getrennten Geist ist.

Rembrandt gestaltete seine Formen weniger mit hart abgegrenzten Linien und rigiden Konturen, als mittels Licht, Farbe und Schichten von dickem Farbauftrag. Er ließ die klassizistische Reinheit hinter sich und vermied jeden Symbolismus, beschwor stattdessen das Innenleben von Oberflächen, zu denen auch menschliche Körper und Gesichter zählen. Seine aufgeladenen Pinselstriche wenden *das Gemälde gegen das Bild*, das ist sein radikaler Schritt. Er überträgt die Anziehungskraft der Malerei vom Bildinhalt auf die Oberfläche des Gemäldes. Er eröffnet dem Medium die Möglichkeit, nicht-bildhaft zu werden. Das ist der Grund, warum fast jeder moderne Maler (William Turner, Eugène Delacroix und Vincent van Gogh, aber auch Chaim Soutine, Frank Auerbach und vielleicht sogar Francis Bacon) »sich selbst für Rembrandt hielt«, wie Picasso seiner Geliebten Françoise Gilot sagte. Das war der Beginn – oder zumindest ein Beginn – der modernen Malerei, die sich schließlich vollständig des Gegenständlichen entsagte und sich auf ihre nichtgegenständliche und antibildliche Erfüllung zubewegte.

Eine dichte Dunkelheit auf der Leinwand von *Joseph und die Frau des Potiphar* verschluckt den Baldachin des Betts und ungefähr zwei

2 »Ein Triumph des Blicks über das Auge.« Siehe Jacques Lacan, *Buch XI: Die vier Grundbegriffe der Psychoanalyse*, übers. von Norbert Haas, Wien/Berlin 2017 [1964]. Siehe auch Mladen Dolar, *A Voice and Nothing More*, Cambridge/London 2006.

Drittel der Oberfläche des Gemäldes, auf dem nur sporadisch glitzernde Spuren von goldenen Gewändern und Ornamenten aus Metall aufscheinen. Diese sind mit dicken Pinselstrichen gemalt, die sie als solche hervorheben. Innerhalb dieses dunklen Raums wurden Pigmente gefunden, die als Preußischblau identifiziert wurden, das erste moderne synthetische Pigment. Diese nicht ausbleichende, im Gebrauch billige Farbe wurde bald zu einem praktischen und populären Ersatz für die aufwändig herzustellenden und deswegen teuren blauen Pigmente, die Maler bis dahin benutzt hatten, das Ultramarin, das aus dem wertvollen Lapislazuli gewonnen wird. Preußischblau wurde jedoch erst fünfzig Jahre, nachdem Rembrandt sein Bild signierte, und 37 Jahre nach seinem Tod synthetisiert.

In der Tat beweist die forensische Untersuchung des Bilds, die sich bis heute fortsetzt, eine massive und grobe Restaurierung, der das Gemälde um 1830 unterzogen worden sein muss. Noch hat das Berliner Forscherteam kein abschließendes Urteil abgegeben. Viele Details sprechen für mehrfache Übermalungen und Retuschen. Möglicherweise haben wir es mit einem Bild zu tun, das der Werkstatt Rembrandts entstammt; auch die Figuren von Potiphar und Joseph erscheinen als untypisch für Rembrandt. Sie sind möglicherweise von Miniaturen aus dem indischen Mogulreich beeinflusst, die Rembrandt gesehen und benutzt haben könnte, um seine Figuren mit »orientalischen« Attributen zu versehen. War sich Rembrandt auch der orientalischen Umgestaltungen dieser Geschichte bewusst? In der Bibel trägt Potiphars Frau keinen Namen, im Koran und in nachfolgenden persischen und indischen Traditionen erscheint sie als Suleika. Das Begehren, das Joseph/Yusuf in ihr hervorruft, wird in diesen Traditionen als Leidenschaft für die Schönheit dargestellt und dient ausdrücklich nicht einer protestantischen Hervorhebung der Sünde der Verleumdung, der bösen Potenziale weiblicher Sexualität und der Tugend der Enthaltsamkeit.

All diese Umstände und offenen Fragen verkomplizieren die Faszination noch, die dieses Gemälde auf uns ausübt. Wie stark ist das, was wir auf ihm sehen, durch unsere Projektionen bestimmt? Die Urheberschaft vieler traditionell Rembrandt Harmensz. van Rijn zugeschriebener Werke wurde seit Beginn des 20. Jahrhunderts in Frage gestellt. Von geschätzt tausend Bildern gilt heute nur noch knapp die Hälfte als Rembrandts Werk; Forschern ist es gelungen, die Autorschaft der anderen Gemälde vor allem den Schülern und Künstlern seiner Werkstatt zuzuordnen. Paradoxerweise lässt uns Rembrandt also für immer verwirrt zurück, weil es uns nicht gelingt, zwischen seiner individuellen Genialität und den Effekten von Individualität zu unterscheiden, die er perfektionierte und seinen Schülern und Lehrlingen im Lauf seiner langen und produktiven künstlerischen Unternehmung vermachte.

Durch eine gläserne Wand

Junge Dame mit Perlenhalsband (1663–1665) von Jan Vermeer van Delft

Sie ist im Begriff, ihre Morgentoilette zu beenden. Die junge Frau, die ihre Arme hebt, um sich ein Perlenhalsband anzulegen, was dem Gemälde von Jan Vermeer van Delft seinen Titel gegeben hat, füllt die rechte Seite der eher kleinen Leinwand. Unbeweglich strahlt sie, als ob ihr Sein, das sich in ihrer Erscheinung zeigt – rote Schleife im Haar, Perlenohrringe und ebenmäßige Haut – gänzlich vom einfallenden Licht abhinge. Sie ist mit einem Hermelin geschmückt, und in der Farbe ihrer goldgelben Robe sehen wir ein visuelles Echo des zur Seite gezogenen Vorhangs, der das Licht hereinlässt. Die Robe umfängt sie wie die leuchtende, zu atmen scheinende Wand, die den Bildraum dominiert und unseren Blick anzieht.

So sehr ihr dem Licht zugewandtes Gesicht mit einem Gefühl von Heiligkeit aufgeladen ist, so sehr ihre Utensilien eine Allegorie auf die Reinigung der Seele sein könnten, sind sie doch letztlich profan. Das Mädchen könnte die irdische Transfiguration einer Venus sein, die eben geboren wird (wofür ihr Perlenhalsband sprechen würde); oder eine Batseba, die sich im Bad auf ein Treffen mit dem König vorbereitet. Auf dem Holztisch unterm Spiegel schimmert ein Becken silbern wie die Perlen ihrer Halskette. Im Vordergrund funkeln die Metallnieten eines mit Leder bezogenen Stuhls, die uns diagonal gegenüberliegen, als seien sie feine Edelsteine. Eine kleine Puderquaste, deren Haare man womöglich zählen könnte, liegt neben einem flachen rechteckigen Kamm und sieht dabei so beiläufig real aus, dass man sie in die Hand nehmen möchte. Das Profane und das Heilige sind die Ziele, zwischen denen Vermeers Leinwand aufgespannt ist: seine Theologie ist eine des Alltäglichen.

Zwei Gemälde von Vermeer hängen in Berlin inmitten von Werken anderer niederländischer Meister des 17. Jahrhunderts. Der Künstler gehörte zur dritten Generation des Goldenen Zeitalters; seine Themen bewegten sich fast immer im Rahmen der Konventionen, er malte Bilder vom Alltagsleben und von gewöhnlichen Leuten. Aber vor dem Hintergrund der pittoresken, fließenden, freien und deskriptiven Qualitäten der später so genannten

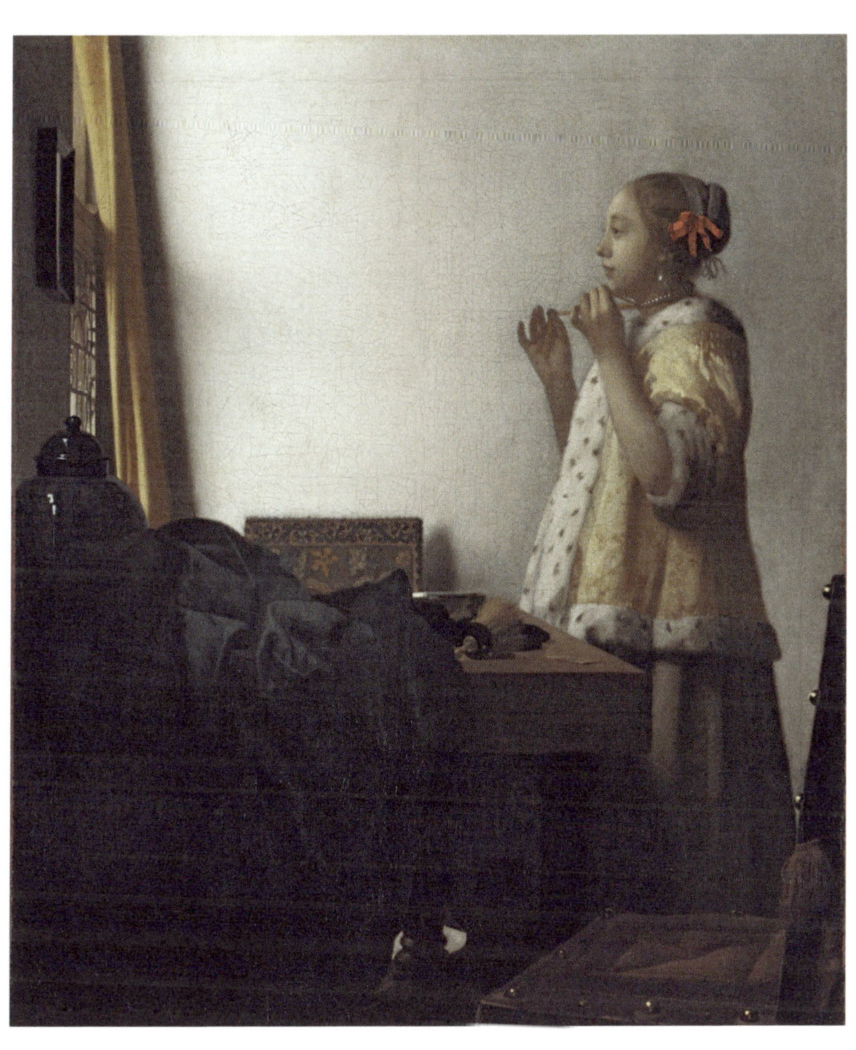

Genremalerei sticht Vermeers Ansatz als eine fortlaufende empirische Studie heraus, die methodologisch objektiv sein will. Die beiden Gemälde Vermeers stellen eine Summe seiner Entwicklung in der Mitte seines Wegs zur Vervollkommnung dar.

In dem früher entstandenen Gemälde *Das Glas Wein* (1658–1660, häufig auch *Herr und Dame beim Wein* betitelt) zeigen sich ein Mann und eine Frau am Tisch eines Gasthauses, das überschwänglich mit feinen Details ausgestattet ist. Rote und schwarze Fliesen, ein Tischteppich mit orientalischem Muster und ein Stuhl möblieren das Bild als Teil der allgegenwärtigen Geometrie der dreidimensionalen Perspektive. Im Gegensatz zur beinahe greifbaren Leere, die das Bild von der jungen Dame mit Perlenhalsband ausfüllt, wo die Wand fast zwei Drittel der Leinwand beansprucht, ist der Raum von *Das Glas Wein* mit einem Landschaftsbild und einem Buntglasfenster ausgestaltet, die zusammen mit dem Tischteppich ein Muster innerhalb eines Musters, Bilder innerhalb des Bildes darbieten. Die menschliche Aktivität jedoch scheint wie mumifiziert, eingefroren. Der Mann und die Frau werden als Stillleben präsentiert; als Tapisserie des Gemäldes.

In seiner Studie über Vermeer schrieb Lawrence Gowing, dass die Befangenheit, das Leben zu beschreiben, und die Selbstbeschränkung, nicht näher heranzugehen, im *Perlenhalsband* und folgenden Werken eine Form findet.[1] Es handelt sich um eine Spaltung im protokollierenden Blick des Künstlers, die distanziert und zugleich Zuneigung aktiviert. Vermeer malte einige weitere »Perlenbilder« zu jener Zeit, als *Junge Dame mit Perlenhalsband* entstand. Ihre Kompositionen sind um eine ungeschützte Frau gebaut, die, stillgestellt, von einer sorgsam ausgeführten Handlung gefesselt ist, während sie von Tageslicht beleuchtet wird, das wie eine ätherische Wolke in den Raum hineinströmt und sie umgibt. Gegen ihre weibliche Vertikalität, die fest im Boden verankert ist, stehen in der unteren Hälfte des *Perlenhalsbands* die scharfe horizontale Kante eines Tischs und ein leerer Stuhl, die zusammen eine Barriere bilden, die uns (und den Maler) von dem trennen, was wir sehen. Das ist ein wiederkehrendes Motiv bei Vermeer, der im Vordergrund Stühle, Tische und schließlich, in seinem Bild *Die Malkunst* (1666–1668), sogar sich selbst mit dem Rücken zum Betrachter platziert, um uns auf Distanz zu halten zu dem, was wir sehen und was wir – und auch er – vielleicht begehren. Die Möglichkeit eines Kontakts bleibt uns verwehrt.

Man kann sich vorstellen, wie die Begründer der Sammlung, die sich heute in der Berliner Gemäldegalerie befindet, ihre persönlichen Interessen mit ihrem nationalen pädagogischen Auftrag in Einklang zu bringen

1 Lawrence Gowing, *Vermeer*, London 1997 [1952].

versuchten, wie jede Gründung einer Sammlung zeigt, als sie sich daran machten, in der Nachfolge der kurfürstlichen und königlichen Sammlungen von Friedrich Wilhelm von Brandenburg und Friedrich dem Großen eine repräsentative Sammlung für Preußen zusammenzustellen. Sie zogen Rembrandt eindeutig Vermeer vor und gaben sich deswegen keine Mühe, weitere der raren Werke des anderen niederländischen Meisters zu erwerben, die damals vielleicht noch erhältlich gewesen wären. Jan Vermeers bescheidenes Œuvre umfasst nur rund 36 Gemälde. Rembrandt hat allein doppelt so viele Selbstporträts gemalt.

Den Namen Vermeer, eine Kurzform von Van der Meer, erbte der Künstler von seinem fleißigen Vater, einem Seidenweber, Kunsthändler und Gastwirt, der diesen Familiennamen vermutlich erfunden hatte. Und obwohl man einiges über das Leben des Malers hätte wissen können, wurde er von seinen Wiederentdeckern am Ende des 19. Jahrhunderts zum Sohn von Wind und Wasser gemacht, der dem Meer als moderner Künstler entstieg – wie es seinem Namen ziemte. Vermeer wurde von dem französischen Kunstkritiker Théophile Thoré, der damit auf das Fehlen schriftlicher Quellen zum Leben des Künstlers und zugleich auf den enigmatischen Charakter seiner Kunst anspielte, als die »Sphinx of Delft« bezeichnet. Im Jahr 1866 behauptete Thoré unter dem Pseudonym Wilhelm Bürger, den Maler aus der Bedeutungslosigkeit errettet zu haben. Thoré-Bürger, der auch Ausstellungen kuratierte und Sammler war, besaß mehrere Bilder Vermeers, darunter auch *Junge Dame mit Perlenhalsband*; das Bild befand sich acht Jahre lang in seinem Besitz.

Der Maler wurde in Delft geboren; mit 21 heiratete er Catherine Bolnes, eine Katholikin aus Gouda, deren Mutter vermögend war. Das Paar gehörte nun zur kleinen katholischen Minderheit in der mehrheitlich calvinistischen Stadt Delft, in der Vermeer bis zu seinem Tod im Jahr 1675 lebte. Als er starb, war er 43 Jahre alt. Wo er seine frühe künstlerische Ausbildung erhielt, liegt im Dunklen. Durch seinen Vater muss er aber Zugang zu den führenden Künstlern in Delft gehabt haben. Er handelte wie sein Vater mit Kunst. Doch in seinen Gemälden finden wir keinen Hinweis darauf, was für ein Mensch er gewesen ist.[2]

Die Vergessenheit, in die Vermeer geraten war und gegen die Thoré-Bürger nun ankämpfte, war nicht der einzige Beweis für seine Modernität. »Wir gehen zu ihm«, schrieb Gustave Vanzype in einer 1908 erschienenen Monografie, »weil ihn eine Art mysteriöser Vorausschau sehen ließ, wie wir

2 Es wurden immer wieder Spekulationen angestellt über die mögliche Verbindung des Künstlers zu Rene Descartes' Wende nach Innen und der Einsetzung des Subjekts, und sogar zu Spinozas Vorstellung der Immanenz von Welt und Gott; beide Denker waren Vermeer geografisch und historisch nahe.

sehen, und eine Empfindsamkeit verstehen, spüren und vorwegnehmen ließ, die sich erst zwei Jahrhunderte nach ihm entwickeln würde.«[3] Marcel Proust besaß ein Exemplar von Gustave Vanzypes Buch. In seinem Roman *Auf der Suche nach der verlorenen Zeit* lässt Proust seinen Protagonisten Bergotte, der das Scheitern seines eigenen Werks begreift, zusammenbrechen und sterben, während er Vermeers *Ansicht von Delft* (1660–1661) in Paris betrachtet – als vollendeten Akt, ein Gemälde zu erblicken. Als er zuvor ein kleines, gelbes Wandstück (*petit pan*) sucht, von dem er bei einem anderen Kritiker las und das er selbst vorher übersehen hat, fasst Bergotte (Proust) das Unternehmen Vermeers so zusammen: Dieses gelbe Mauerstück ist alles und nichts, ein absolut profanes Detail, das der Kern der Sache ist.[4]

Worauf Vanzype, Proust und Thoré-Bürger möglicherweise reagierten, was sie als modern verstanden, war ein Blick, den sie auf Vermeers Bildern entdeckten; ein Blick, der mit einer Bewegung befasst ist, die sich zugleich nach innen und nach außen richtet. Vermeer scheint nicht zu wissen oder nicht wissen zu wollen, was er malt. Die Welt der Begriffe, die davon handelt, was etwas ist, ein Finger, eine Nase, ein Tisch, wird von ihm in eine Abbildung verwandelt, die sich nur dem Licht verpflichtet fühlt, das auf diese Dinge fällt. Seine optische Distanziertheit ist idiosynkratisch, und doch vollkommen unpersönlich, sie nimmt den aufs menschliche Auge zielenden Impressionismus vorweg. Dieser gleichgültige Blick, der seinen Zeitgenossen sicher exzentrisch erschienen ist, protokolliert Dinge, wie sie vor unseren Augen erscheinen, was sie beinahe obskur erscheinen lässt, und antizipiert die Fotografie.

Als er von einem Besuch in Holland im Jahr 1874 berichtete, hielt Henry James in seinem Tagebuch fest, dass ihn verwirrte, wie die niederländischen Gemälde abbildeten, was er in der Realität sah: »Wenn man die Kopien betrachtet, scheint man die Originale anzuschauen. Handelt es sich um die Seite eines Kanals in Haarlem oder ist es ein Van der Heyden? Die Dienstmädchen auf der Straße scheinen einem Rahmen von Gerard Dow entsprungen und gleichermaßen bereit zu sein, auch wieder in ihn hinein zu treten.«[5]

Auch Johann Wolfgang von Goethe beschrieb in *Dichtung und Wahrheit*, wie er nach einem Besuch in der Dresdener Gemäldegalerie in die Werkstatt des Schusters zurückkehrte, bei dem er wohnte, und die Bilder, die er gesehen hatte, seinen Blick auf die Wirklichkeit beeinflussten; angesichts

3 Siehe Joseph Leo Koerner, »First Among Equals«, in: *The New York Review of Books*, Februar 2019.

4 Proust war besessen von Vermeer, seit er *Ansicht von Delft* in Den Haag gesehen hatte. Er nannte es das »schönste Gemälde der Welt« und plante, selbst eine Studie über den Maler zu verfassen.

5 Henry James, *Transatlantic Sketches*, Boston 1875, S. 382.

der Perfektion eines Gemäldes von Ostade hatte er kaum seinen Augen trauen können.[6]

Innerhalb des Stils, den man naturalistisch nennt, finden sich widersprüchliche Bestrebungen – zu beschreiben, zu kartografieren, wie ein Spiegel zu imitieren und zu reflektieren oder zu täuschen (im Trompe l'oeil zum Beispiel). Svetlana Alpers definiert die nördliche, beschreibende Kunst als eine, in der die Welt dem Künstler vorausgeht. In der südlichen (italienischen), erzählenden Kunst gehe umgekehrt der Künstler der Welt voraus und konstituiere sie gemäß seines Blickwinkels.[7]
Vermeer gehört unzweifelhaft in seine Zeit und zu seinem Ort; viele Zeugnisse bestätigen, dass er von zeitgenössischen Künstlern beeinflusst wurde. Sein Ansatz der Beschreibung ist aber ein reflexiver; er erreicht, wenn man Alpers' Unterteilung folgen will, die Grenzen der bloßen visuellen Schilderung, des Zeigens, was ist.

Wir können nun verstehen, warum die von Henry James in seinem Bericht aufgeworfene Frage genauso wie Goethes Verwechslung von Bild und Leben – wo ist die Kunst? – in Bezug auf Vermeer auf einer falschen Frage beruht. Die eigene Verlegenheit angesichts des deskriptiven Charakters der niederländischen Malerei des 17. Jahrhunderts auszusprechen nimmt Fragen vorweg, die sich heute angesichts technologisch produzierter Bilder stellen. Wenn sich Bilder an der Schwelle zwischen der physischen Welt und unserer Wahrnehmung befinden, mit welcher Kunst haben wir es dann zu tun? Vermeers Blick ist modern wegen der gläsernen Wand, die er zwischen uns und dem, was wir sehen, errichtet – oder anders gesagt: er betont diese Trennung und erlaubt uns so, eine Nähe zu ihr herzustellen. Vermeers Blick ist der einer Maschine oder eines Gottes. Dieser Blick macht die Frage überflüssig, ob der Maler, der von Linsen umgeben und von optischen Apparaten fasziniert war, beim Herstellen seiner Gemälde wirklich eine Camera obscura nutzte.[8] Was ihn an optischen Instrumenten interessierte, war die Herangehensweise, die sie erforderten.

Für seine etwas ältere Ehefrau gab Vermeer die calvinistische Konfessionszugehörigkeit auf. Das Paar zog vermutlich in das Delfter Haus von

6 Johann Wolfgang von Goethe, *Goethes Werke*, hrsg. von Erich Trunz, Bd. 9, Hamburg 1948–1960, S. 320.
7 Siehe Svetlana Alpers, *The Art of Describing: Dutch Art in the Seventeenth Century*, Chicago 1983. Oder, in den Worten Ernst Gombrichs: »Die Maler aus dem Norden haben ihre Gehirne in den Händen, während die Italiener sie im Kopf haben.«, aus: Ernst Gombrich, *Norm and Form*, London 1966, S.115.
8 Antoni van Leeuwenhoek, ein Forscher auf dem Gebiet der Optik und Pionier der Mikroskopie, war Vermeers Zeitgenosse in Delft, später sein Testamentsvollstrecker und stand vermutlich Modell für *Der Astronom*, 1668, heute im Louvre, und *Der Geograph*, 1668/69, heute im Städel Museum.

Catherines dominanter, wohlhabender Mutter.[9] Dieses Haus, in dem Vermeer vermutlich alle seine uns bekannten Bilder gemalt hat, war wahrscheinlich vor allem von Frauen bewohnt (neben seiner Frau und seiner Schwiegermutter waren von insgesamt elf Kindern sieben Mädchen). Die Welt, die er wiederholt in seinen Gemälden abbildete, war geschlossen, friedlich und doch unbegreiflich und sogar erhaben; der Maler identifizierte sich vollkommen mit dem Femininen.

Das Fenster und der Spiegel, dem sich die junge Frau zuwendet, bieten ihr die beiden Möglichkeiten der Malerei an: eine Spiegelreflexion oder ein Fenster, durch das man blicken kann. Unser auf die Wand gerichteter Blick kreuzt den Blick ihrer Selbstbetrachtung. Beide führen in eine perspektivische Leere.

9 Maria Thins hieß Vermeer in ihrer Familie willkommen – trotz seines weniger herausragenden sozialen Hintergrunds. Sie muss ernsthaft über diese Ehe nachgedacht haben, da ihre eigene von Missbrauch und Gewalt bestimmt gewesen war.

Prinz Heinrich Lubomirski als Genius des Ruhmes (1787/88) von Elisabeth Vigée-Lebrun

Ein Gemälde, das in warmen Farben strahlt, hängt zwischen Bildern von Peter Paul Rubens, Jean-Antoine Watteau und Joshua Reynolds. Es zeigt einen geflügelten Jungen in einer klassischen Pose, die an die kniende Venus erinnert. In einer Hand hält er einen Lorbeerkranz, das Symbol für Ruhm. Eine rote Stola fällt über seine weichen nackten Beine und verhüllt kaum den nackten androgynen Körper. Das kindlich engelhafte Gesicht ist zur Seite gewandt, sein Blick geht am Betrachter vorbei und schaut selbstgenügsam in den Raum. Zwei gefiederte Schwingen wachsen aus dem Rücken des Jungen. Die auf Holz gemalte Oberfläche verleiht dem Licht des Bilds einen Glanz und lässt die Haut des Jungen erstrahlen; seine roten Lippen nehmen das Scharlachrot der samtenen Stola auf.

Gemalt wurde das Bild von Elisabeth Vigée-Lebrun im Sommer 1789 in Paris. Das porträtierte Kind, Prinz Henryk Lubomirski, gehörte der Entourage einer Prinzessin an, die wegen revolutionärer Ereignisse aus Polen geflohen war. Die kinderlose Frau hatte das hübsche Kind, einen entfernten Verwandten, in jungen Jahren entführt und zog es als Sohn auf.

Ein Detail vor dem gleichmäßig graublauen Hintergrund des Ateliers stört die Harmonie – ein Köcher mit Pfeilen zu Füßen des Kinds mag auf die Ereignisse hindeuten, die sich seit dem Sommer dieses Jahres schließlich zur Revolution ausweiten würden. Sie zwangen die findige und realitätstüchtige Malerin, wegen ihrer Verbindung zur französischen Königin Marie Antoinette zusammen mit ihrer Tochter ihr Heimatland zu verlassen. Sie musste ihre außergewöhnliche Karriere zwölf Jahre lang im Exil weiterverfolgen. Elisabeth Vigée-Lebrun reiste nach Italien, wo sie bereits im Jahr 1790 in die Accademia di San Luca in Rom gewählt wurde. Sie arbeitete fortan in Florenz, Neapel, Wien, St. Petersburg und Berlin und porträtierte unter anderem Mitglieder der königlichen Familien von Neapel, Russland und Preußen sowie andere Würdenträger, bevor sie nach Frankreich zurückkehrte.

Elisabeth Vigée-Lebrun war 1755 als Tochter eines Malers und einer Friseurin geboren worden und gegen die Normen ihrer Zeit während einer der

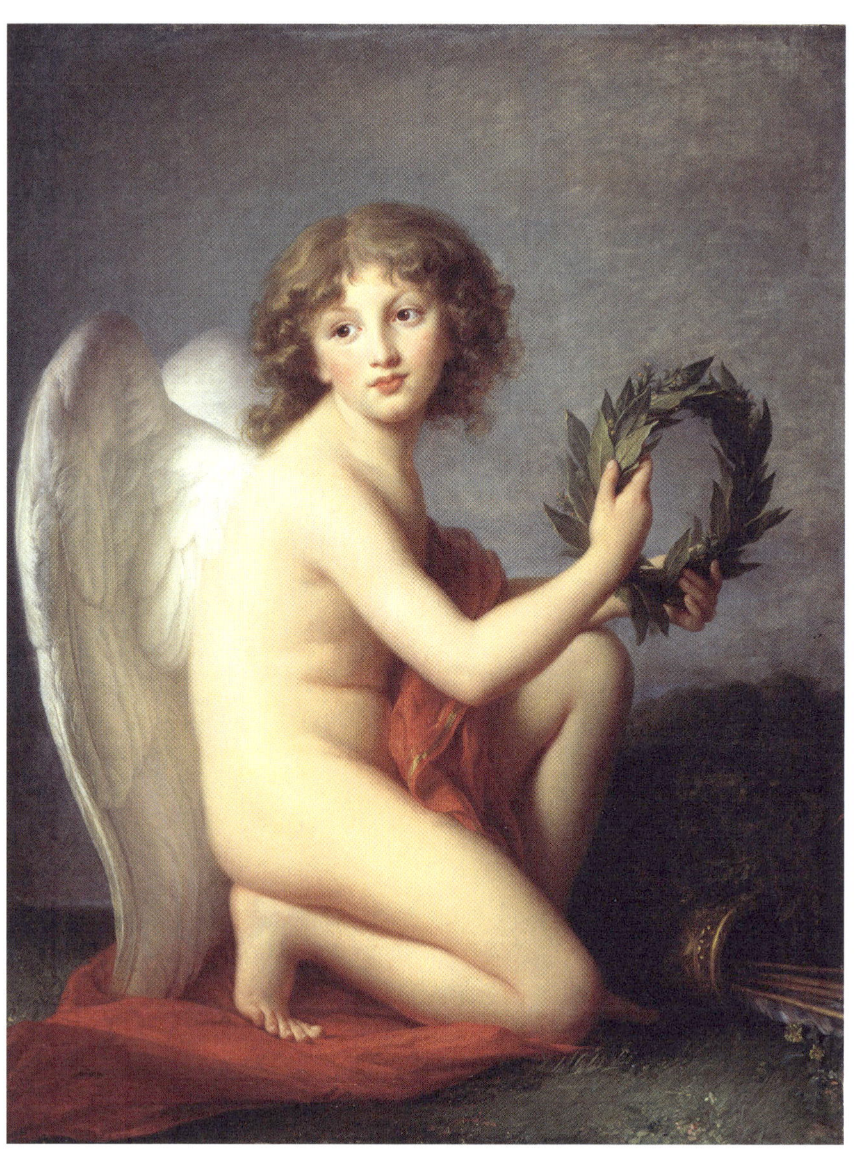

turbulentesten Perioden der europäischen Geschichte als Künstlerin erfolgreich. Der Vater hatte früh das Talent der Tochter erkannt, doch er starb, als sie zwölf war. Wie die Kunsthistorikern Linda Nochlin in ihrem feministischen Essay »Why Have There Been No Great Women Artists?« im Jahr 1971 zeigte, hatten fast alle uns bekannten weiblichen Künstlerinnen vor dem 20. Jahrhundert keinen Zugang zu Werkstätten, Akademien oder Universitäten, aber einen Maler zum Vater.[1]

Von den rund 2800 Gemälden in der Sammlung der Gemäldegalerie, die zwischen dem 13. und dem 18. Jahrhundert nördlich und südlich der Alpen geschaffen wurden, von denen ungefähr 1000 ausgestellt werden, stammen ungefähr 15 Bilder von neun Frauen. Abgesehen von der italienischen Renaissancemalerin Sofonisba Anguissola kamen alle aus Ländern nördlich der Alpen und lebten um das 18. Jahrhundert herum.[2]

Die Malerei erlernte Vigée-Lebrun in Paris durch das Betrachten und Kopieren von Kunstwerken. Sie begann als junge Frau, Porträts zu malen und unterstützte nach dem Tod des Vaters eine Zeitlang ihre Mutter und ihren Bruder finanziell. Kurz nachdem sie Königin Marie Antoinette begegnet war, wurde sie deren Hofmalerin und damit die erste Frau, die in diesen Rang erhoben wurde. Mit 28 wurde sie als eine von vier Frauen in die Académie Royale de Peinture et de Sculpture aufgenommen. Sie galt als einer der führenden Porträtmaler des Ancien Régime.

Weder Junge noch Mädchen, weder erwachsen noch Kind; nicht gänzlich menschlich, animalisch oder göttlich hält der Prinz demonstrativ einen Lorbeerkranz in die Höhe. Es ist eine Öffnung, die darauf wartet, durchstoßen zu werden. Währenddessen liegt der phallische Köcher voller Pfeile halb verborgen zu den Füßen der Figur, wie eine schlummernde Waffe und mögliches Komplement, das in den Ring eindringen könnte. Wie ein Echo auf diesen potenziellen Verkehr, diese Verkupplung, hybridisiert die geflügelte Figur des Prinzen die klassische hellenische Mythologie mit der Jüdisch-Christlichen. Cupido-Eros, der spitzbübische Gott der Liebe, der hier zwar mit Pfeilen ausgestattet ist, dem aber der Bogen fehlt, erinnert an die antike Verknüpfung der Liebe mit einer Wunde. Zugleich spielt die Figur auf einen jüdisch-christlichen Engel an.

Die beiden Cherubim werden in der rabbinischen Literatur als menschenähnliche Wesen mit Flügeln beschrieben, die ihren Platz an den gegenüberliegenden Enden der Bundeslade im inneren Heiligtum des Tempels haben,

1 Linda Nochlin, »Why Have There Been No Great Women Artists?« in: *ARTnews*, New York, Januar 1971, S. 22.

2 Es sind Anne Vallayer-Coster, Marie-Eléonore Godefroid, Anne Geneviève Greuze, Angelica Kauffmann, Judith Leyster, Rachel Ruysch, Anna Dorothea Therbusch und Elisabeth Vigée-Lebrun.

in der sich die beiden Steintafeln mit den Zehn Geboten befinden. An der Schwelle zwischen Profanem und Heiligem, zwischen der gegebenen Welt und der jenseitigen bewachen sie das Gesetz. In der Hierarchie des antiken Judentums und des Christentums höher angesiedelt sind die Seraphim, die den heiligen Namen Gottes und die Verschiedenheit von seiner Schöpfung verkünden. Diese mit Flügeln ausgestatteten Kreaturen trennen und verbinden das Menschliche und das Göttliche, Mensch und Gott.

In der westlichen Ikonografie spiegelt sich in der Unterscheidung zwischen Seraphim und Cherubim die Trennung zwischen Glaube und Vernunft. Cupido als Cherub stülpt die Vorstellung des Halbgottes der katholischen Idee eines Engels über, mit dem die Ermunterung zum Glauben im Gegensatz zur Vernunft verbunden wird; für letztere wäre ein Seraph zuständig. Die Hybridisierung von Cupido und Cherub mag auf das Bestreben hindeuten, Verlangen und Glauben zusammenzufassen. Könnte es sein, dass die Androgynie des kleinen Prinzen mit den Ambiguitäten oder Schwellen, die er ausdrückt, den von drastischen Veränderungen geprägten Zeitgeist reflektiert? Gekennzeichnet durch – und Teil einer – Säkularisation des Göttlichen, ersetzte das revolutionäre Programm dieser Periode die Metaphysik der Religion und hatte einen Verlust des Heiligen zur Folge. Was genau idolisierte Vigée-Lebrun in ihrem Lubomirski-Porträt?

Der Genius der Liebe, verkleidet im Porträt eines Jungen, evoziert nicht nur ein Gefühl von Immanentisierung (wie es gräko-romanische Götter oft tun, anthropomorph und ständig in menschliche Angelegenheiten intervenierend), sondern impliziert auch eine gewisse Durchdringung oder Inversion des Gegensatzpaars aktiv und passiv, das Mann und Frau, Künstler und Modell, Subjekt und Objekt zugeordnet ist. Porträtmalerin zu einer Zeit, als Frauen Lehrstellen verwehrt blieben und sie keine Akte malen durften, war sich Vigée-Lebrun des Machtverhältnisses bewusst, das dem Blick inhärent ist. In ihren Erinnerungen bekannte sie, mit ihren männlichen Modellen geflirtet zu haben: »Sobald ich aber bemerkte, dass sie mir schöne Augen zu machen versuchten, malte ich sie so, dass sie in eine andere Richtung als meine schauen mussten. Wenn sie nur die leiseste Bewegung mit der Pupille machten, sagte ich: ›Ich mache jetzt die Augen.‹«[3]

Selbst als Frauen gegen Ende des 19. Jahrhunderts offiziell zum Studium an der École des Beaux-Arts in Paris (und an anderen europäischen Kunstschulen) zugelassen wurden, durften sie immer noch nicht den *nackten* Körper abzeichnen. Der entkleidete, zu malende Körper stand nicht nur für die Malerei als solche und die Spekulation einer Dichotomie von aktiv und passiv, sondern auch für die Frage nach der Wahrheit, der nackten Wahrheit.

3 Siehe Élisabeth Louise Vigée-Lebrun, *The Memoirs of Madame Vigée Lebrun*, übers. von Lionel Strachey, New York 1903.

Das war die Zeit, als Friedrich Nietzsche betonte, dass die Fragen der Kunst, des Stils und der Wahrheit nicht von der Frage der Frau losgelöst werden könne.[4] Eine Antwort auf die Frage, was die Frau sei, könne nicht in einer der bekannten Formen von Idee oder Wissen gefunden werden, meinte er, und doch sei es unmöglich, nicht nach ihr suchen zu wollen. Die Männer, versichert die französische Philosophin Geneviève Fraisse, wollten nicht, dass sich Frauen mit der Frage der Schönheit befassten, weil diese mit der Frage der Wahrheit vermählt sei.[5] Sie gehörte den Männern. Den nackten Körper wiederzugeben heißt auch, sich Zugang zur Wahrheit zu verschaffen.

Gibt es einen Unterschied zwischen weiblicher und männlicher Kreativität? Und wenn ja, wie ist er zu erklären? In ihrem bereits erwähnten Essay hat Linda Nochlin die Grundlage für eine feministische Methodologie innerhalb der Kunstgeschichte geschaffen, indem sie behauptete, dass die Frage, warum es keine großen Künstlerinnen gab, falsch gestellt ist. Nochlin erkannte die Tatsache an, dass es tatsächlich »keine weiblichen Äquivalente zu Michelangelo oder Rembrandt, Cézanne, Picasso oder Matisse, nicht einmal de Kooning oder Warhol« gegeben hat. Der »Fehler« liege aber nicht in der Genetik des Frauseins, sondern sei strukturell in den Kunstinstitutionen und der Erziehung von Frauen angelegt. Kunst sei kein reines Mittel, sich selbst auszudrücken, sondern etwas, das eine konsistente Formensprache und gegebene Konventionen voraussetze. Diese müssten durch Lehrer vermittelt oder durch individuelles Arbeiten erlernt werden. Beides aber sei Frauen konsequent und systematisch versagt worden. Darüber hinaus kritisierte Nochlin den Mythos vom angeborenen Genie als zeitloser und mysteriöser Begabung, die sich im großen Künstler, einer gottähnlichen Figur, manifestiere.

Darren Aronofskys allegorischer Film *Mother!* von 2017 ist solchen Figuren gewidmet. Er erzählt die Geschichte eines mittelalten Schriftstellers, der von Javier Bardem gespielt wird, und seiner jüngeren Partnerin (Jennifer Lawrence). Sie renovieren das abgelegene Haus, in dem sie leben. Das Haus war von einem Brand beschädigt worden, nun versucht ihm die Frau wieder Leben einzuhauchen. Während ihr Mann, der Dichter, an einer Schreibblockade leidet, versucht sie mit immenser Kontemplation, Grazie und Geschicklichkeit für die beiden ein Paradies zu schaffen. Im zweiten Teil des Films ist die Frau schwanger und der Mann hat wieder zu schreiben begonnen. Sein neues Buch wird zu einem großen Erfolg, als das Ende

4 Jacques Derrida, *Spurs: Nietzsche's Styles*, übers. von Barbara Harlow, Venedig 1976, S. 59.
5 Interview mit Geneviève Fraisse, *The Right to Truth, Conversations on Art and Feminism*, Paris 2017.

ihrer Schwangerschaft naht. Gerade als die Wehen einsetzen, versammeln sich Fans des Manns vor dem Haus und es ereignen sich schreckliche Dinge.

Mother! ist ein Film voller biblischer Anspielungen, der das Beziehungsdrama für eine künstlerische Allegorie auf männliche und weibliche Formen von Kreativität nutzt, die durch die Namenlosigkeit der Protagonisten noch betont wird. Der gottgleiche Schriftsteller verkörpert ein Schöpfungsprinzip, dem wesentlich eine seelenlose Leere eingeschrieben ist: Es ist ein kreativer Trieb, der sich aus dem bodenlosen Verlangen nach öffentlicher Anerkennung und Verehrung ableitet, das ins Monströse umschlägt. Der Film nimmt ausschließlich die Perspektive der Frau (Mutter) ein, deren Geschichte durch drei Typen von Aufnahmen mit der Handkamera erzählt wird, die Jennifer Lawrence im Haus folgt, als sei sie physisch mit ihr verbunden: Close-ups zoomen ihr Gesicht heran; Aufnahmen über ihre Schulter und eine subjektive Kamera zeigen uns, was sie sieht. Sie spendet Leben und Erlösung, erst dem Haus, dann dem Kind. Er ist kreativ, sie ist fruchtbar. Sie sieht, er ist blind. Ihm steht etwas zu, sie gibt sich hin.

Ihre Geschichte entfaltet sich im Gegensatz zwischen Zeugungsunfähigkeit und Fruchtbarkeit, künstlerischer Schöpfungskraft und der Fähigkeit, Leben zu gebären. Er ist ein Schöpfergott; sie eine Göttin der Anmut. Sie denkt, das Haus sei ihres, aber ihre Hyperventilation – die sich durch extreme, um sie herumwirbelnde Close-ups und eine Stimme manifestiert, die sowohl von innen als auch von außen zu kommen scheint – lässt sie mit dem Organismus des Hauses verschmelzen: Es blutet und läuft aus, reißt auf und bedroht sie. Es ist in Wirklichkeit die Domäne des Mannes und wird sich schließlich gegen sie wenden. Sie ist nur eine vorübergehende Bewohnerin im Übergang zwischen Destruktion und Aufbau.

Für das Porträt des jungen Lubomirski bezahlte die polnische Auftraggeberin der Malerin 12.000 Francs, das entspräche heute einem Wert von ungefähr 8500 Euro. Diese Summe musste Vigée-Lebrun, die für ihre hohen Preise bekannt war und ihren Lebensunterhalt damit bestritt, allerdings ihrem Ehemann übergeben. Jean Baptiste Pierre Lebrun war ein Pariser Kunsthändler, Kritiker – und chronischer Spieler. »Ich flehte M. Lebrun an, mir wenigstens 40 zu lassen; aber nicht einmal die wollte er mir lassen.«[6] Vigée-Lebrun konzentrierte sich auf die Porträtmalerei, die im 18. Jahrhundert weit unter der Historienmalerei und nur knapp über dem Stillleben rangierte. Sie malte Porträts, weil sie ihrem Talent folgte oder weil sie pragmatisch war, vielleicht auch beides zugleich. Die Porträtmalerei ermöglichte ihr jedenfalls den sozialen Aufstieg. Vigée-Lebrun verpflichtete sich damit aber auch den femininen Aspekten dieses Genres: eine Dienstleistung zu erbringen, Empathie und soziale Kompetenz zu zeigen.

Zwei Selbstporträts der Künstlerin aus den 1780er-Jahren – eines zeigt sie als die zweite, von Rubens geliebte Frau Helena Fourment, das andere als *La Fornarina* (die junge Bäckerin), die wahrscheinlich Margherita Luti, die römische Geliebte Raphaels darstellen soll – machen jedoch deutlich, dass sie sich, indem sie sich mit einem Bild (der weiblichen Geliebten) identifizierte, als Nachfolgerin der großen männlichen Maler sah, als solche akzeptiert werden wollte und diese indirekt sogar herausforderte. Obschon die feministische Kunstgeschichtsschreibung nach Nochlin zu Recht betont hat, dass das Institutionelle über dem Individuellen steht, ist die Frage, die heute zu selten gestellt wird, nicht, ob Frauen Kunst machen können oder nicht. Sondern, ob und wie Frauen kreativ sein können, ohne die überkommenen »maskulinen« Attribute des Kreativen anzunehmen, also ohne kreativ *wie ein Mann* zu sein. Bedeutet die Tatsache, dass es einen *weiblichen Stil* nicht gibt, dass die Werke großer Künstlerinnen von Artemesia Gentileschi bis Agnes Martin nichts gemein haben? Kann es eine Künstlerin geben, deren Werk die Kunst auf ähnlich radikale Weise wie Diego Velasquez, Marcel Duchamp oder Andy Warhol neu definiert, oder spielt sie auf einem ganz anderen Feld? Kann die Kreativität von Frauen sich aus der Metapher befreien, davon, ein Bild zu sein? Ein Bild, das der Sphäre der bloßen Erscheinung und der Versuchung, aber auch der Natur und der Mutterschaft zugehörig ist?

Was sind die Paradoxien, innerhalb derer Kunst von Frauen gemacht wird, zwischen der monströsen Vorstellung endlosen Gebärens und eines Erleidens des Daseins als Erdulden in Abwesenheit? Mit der ersten Facette korrespondiert ein Großteil der Performancekunst von Frauen seit den 1970er-Jahren, die sich auf tabuisierte Aspekte der Körperlichkeit bezieht: Menstruationsblut, Gebären, Exkremente, innere Organe; oder, davon verschieden, Kunst von und nach Louise Bourgeois' Surrealismus, die sich auf eindringliche Weise aus Traumata speist und unbewussten visuellen Tropen (Treppenstufen, Spinnen, Käfigen) eine Bedeutung verleiht, die sowohl narrativ als auch therapeutisch wirkt. Im Zusammenhang mit letzterem lässt sich an Agnes Martins repetitive Raster denken, die nicht archivieren, was zu sehen ist, sondern »was dem Verstand für immer bekannt ist«, wie die Künstlerin sagte, indem sie kontemplative Seinszustände eröffnen.

6 »Meine Gleichgültigkeit dem Geld gegenüber leitete sich zweifellos von dem Umstand ab, dass ich keinen Reichtum brauchte. Alles, was mein Haus angenehm machte, erforderte keine Extravaganz, ich lebte immer sehr sparsam. Ich gab wenig für Kleidung aus; ich wurde sogar dafür getadelt, weil ich sie vernachlässige, da ich nur weiße Kleider aus Musselin oder Batist trug, ich trug auch niemals raffinierte Roben, nur bei meinen Sitzungen in Versailles. Meine Haartracht kostete mich nichts, weil ich mein Haar selbst machte, und die meiste Zeit über hatte ich eine Musselinmütze auf dem Kopf, wie man auf meinen Porträts sehen kann.«, aus: Vigée-Lebrun 1903, wie Anm. 3, S. 46

Oder an Vija Celmins' detaillierte Zeichnungen und Gemälde von Sternenhimmeln, Spinnennetzen oder des Ozeans als Oberfläche spiritueller Einsamkeit und einer Vielfalt retinaler Reize.

»Die Schwangerschaft hat die Weiber milder, abwartender, furchtsamer, unterwerfungslustiger gemacht; und ebenso erzeugt die geistige Schwangerschaft den Charakter der Kontemplativen, welcher dem weiblichen Charakter verwandt ist – es sind die männlichen Mütter«, schreibt Nietzsche, der von seinen Gedanken spricht wie eine Mutter von ihrem Kind.[7] Die in der Antike erstmals formulierte Idee des genialen Künstlers nahm im 18. und 19. Jahrhundert eine wirkmächtige, aber bemerkenswert paradoxe Form an. Während sie ausdrücklich Frauen ausschloss, wurden weibliche Metaphern von Empfängnis, Schwangerschaft, Wehen und Geburt genutzt, um künstlerische Kreativität zu beschreiben.[8] Das tatsächliche Gebären von Kindern hingegen wurde als Teil der *natürlichen* Rolle der Frau begriffen und ihre eigenen Gefühle und Sensibilität sah man als bloße Manifestationen einer natürlichen Begabung an. Während das Genie der Männer neue Schöpfungen hervorbrachte, die das Diktat der Natur überwanden, wurde der künstlerische Ausdruck der Frau weniger als Leistung bezeichnet denn als natürliche Darstellung, als Nebenprodukt.

Darren Aronofsky, der seiner damaligen Partnerin Jennifer Lawrence die Rolle gab, uns durch seine Allegorie des schöpferischen Akts zu führen – die sich auf sein eigenes Leben und den Prozess des Filmemachens erstreckte – deckte das Ausmaß auf, in dem diese Kategorien miteinander verbandelt sind und immer noch unsere Vorstellungen und unser Denken antreiben. Es reicht nicht aus, diese Unterteilungen nur auf den Kopf zu stellen und umzudrehen, wenn man die Unterschiede zwischen männlicher und weiblicher Kreativität begreifen will. Der *Passivität* Widerstand zu leisten, führt nur dazu, dass Frauen danach streben, Männer zu sein. Wenn moderne Kunst und Kunstfertigkeit als Ersatz für Fruchtbarkeit verstanden werden, Ergebnis einer Kreativität, die ihrem Wesen nach männlich ist, welche Kunst kann dann unter dem Signum der Fruchtbarkeit gemacht werden? Diese Frage zu stellen könnte alles gefährden, was im Kampf der Frauen für Gleichberechtigung erreicht worden ist. Diese Frage aber nicht zu stellen kommt der Verleugnung der Potenziale der von Frauen gemachten Kunst als etwas gleich, das man als das vollkommen Andere in der gegebenen androzentrischen Welt beschreiben kann.

7 Friedrich Nietzsche, *Die fröhliche Wissenschaft*, Werke in drei Bänden, Bd. 2, München 1954, S. 84.
8 siehe Christine Battersby im Interview mit Oksana Briukhovetska, Lesia Kulchynska, Ségolène Pruvot, in Christine Battersby, *Gender and Genius: Towards a Feminist Aesthetics*, Bloomington 1989.

Étienne Chevalier mit dem Hl. Stephanus und *Die Madonna umgeben von Engeln,* auch bekannt als *Diptychon von Melun* (um 1455) von Jean Fouquet

Die Madonna strahlt. Ihr Bild ist vollkommen künstlich in seinem quadratischen Format und seiner räumlichen Flachheit, beherrscht von geometrischen Formen, aus denen eine kugelförmige, steinern weiße, unbedeckte Brust hervorsticht, die absteht, als gäbe es in diesem Raum, in dem das himmlische Stillen stattfindet, keine Gravitation. Die Farben der Trikolore, Rot, Weiß und Blau (die damals bereits mit dem französischen Königshaus verbunden wurden), erscheinen ebenfalls unnatürlich, während die Stoffe, eingeschlossen die Cotehardie der Madonna, aussehen, als seien sie in Marmor gemeißelt worden. Die Figur der Madonna wird umrahmt durch eine Truppe von Cherubim und Seraphim, die dem Anschein nach aus synthetischem Material modelliert wurden und so ineinander verwoben sind, dass das Muster, das sie bilden, den Hintergrund des Bilds vollständig ausfüllt. Trotz seiner künstlichen Erscheinung ist dieses Gemälde doch merkwürdig lebendig. Während die Engel, ihr transparenter Schleier, der Thron und die mit Perlen und Rubinen bestückte Krone die Heiligkeit einer Himmelskönigin anzeigen, strahlt diese Madonna zugleich menschliche Erotik und Bescheidenheit aus. Das Gesicht des Jesuskinds ist eingefroren, sein Körper in einer kalten Schwebe. Im Gegensatz dazu umgeben die monochromen Gesichter der Engel – jeder blickt in eine andere Richtung, einer schaut dem Betrachter in die Augen – Mutter und Kind mit einem Netz aus Blicken und zeigen dabei menschliche Mimik.

Das glänzende quadratische Gemälde auf Eichenholz ist der rechte Flügel des *Diptychons von Melun*, das Jean Fouquet um 1455 malte. *Die Madonna lactans* – eine Madonna, die Jesus die Brust gibt – ist frontal platziert. Das Kind richtet seinen Blick hingegen auf den linken Flügel des Diptychons und verbindet so die beiden Teile. Dort kniet Étienne Chevalier, Schatzmeister der französischen Könige Karl VII. und Ludwig XI. und Stifter des Bildes, vor der Muttergottes und ihrem Kind auf dem rechten Flügel. Chevalier wird von seinem Schutzheiligen, Stephanus (Étienne), eskortiert, dessen Halbprofil seinen frisch verwundeten, zur Tonsur rasierten Schädel zeigt, von dem dicke rote Blutstropfen auf das rote Muster der goldenen Brokatborte

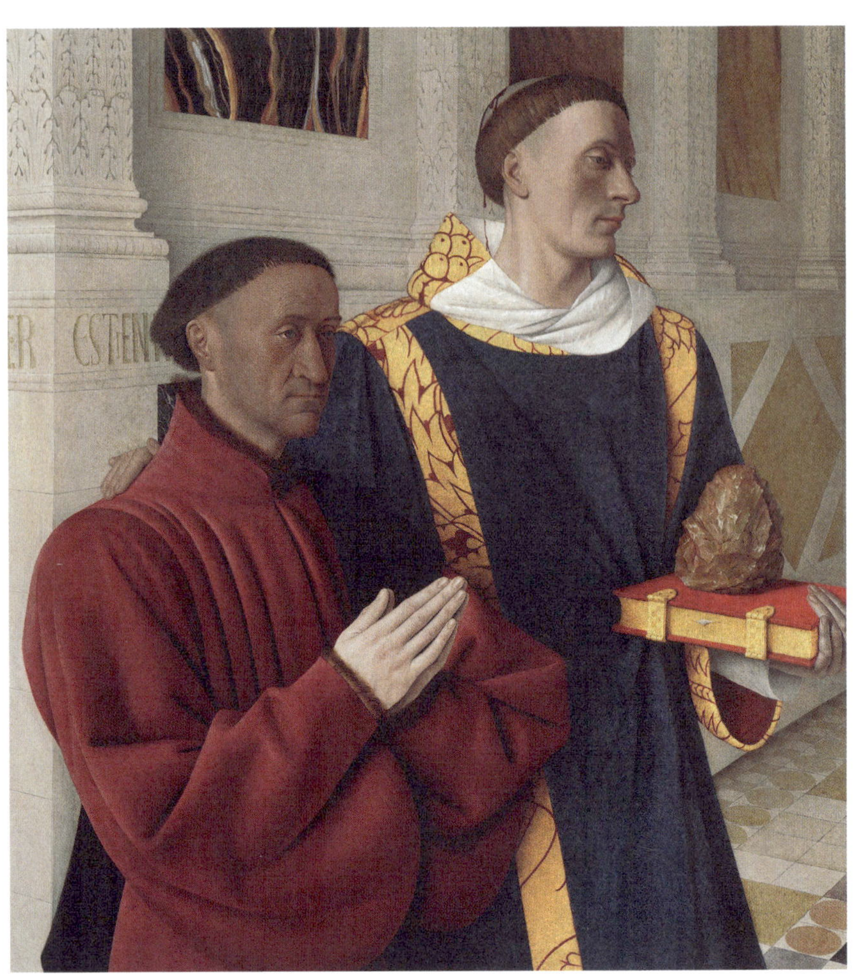

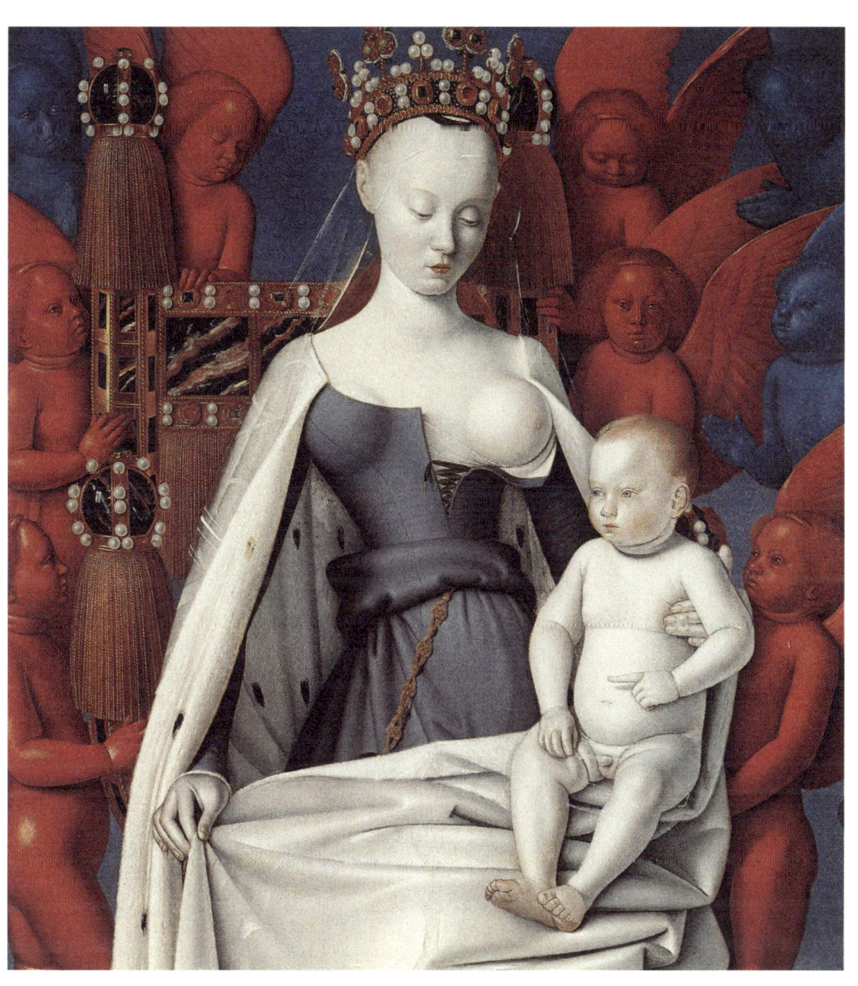

seiner blauen Dalmatik fallen. Der scharfkantige große Stein, den der Blutzeuge in seiner Hand hält, korrespondiert mit seinem Martyrium, Stephanus wurde in Jerusalem gesteinigt, stellt aber auch eine Verbindung her zum Kopf des Kindes auf dem anderen Flügel, dessen Blick wiederum auf eben jenen Stein gerichtet ist. Dieser Stein, der sowohl unsere als auch die Aufmerksamkeit des Babys im Zentrum des Diptychons auf sich zieht, sieht natürlicher aus. Seine Farbe ist zwar wärmer als die von Kopf und Körper des Kindes, die aber im Ton dennoch derjenigen des Steins ähnelt. Es könnte gut sein, dass es sich bei dem Stein um einen Meteoriten handelt, der vom Himmel fiel, um nun auf der Bibel des Heiligen Stephanus zu liegen und die Vergangenheit und Zukunft (des Kinds), Tod und Wiederauferstehung vorwegzunehmen.

Étienne Chevalier von Melun war einer der wichtigsten Mäzene Jean Fouquets. Er hat das Diptychon für das Grab seiner früh verstorbenen Frau Catherine Budé in Auftrag gegeben. Es sollte im Mausoleum des Paars (Chevalier folgte seiner Frau 22 Jahre später nach) in der Stiftskirche Notre Dame in Melun, südwestlich von Paris, aufgehängt werden. Das Diptychon war vermutlich ein Altarbild, wobei einer der Flügel an der Wand befestigt war, während der andere wie bei einem Buch aufgeklappt werden konnte und vermutlich beidseitig bemalt war.

Um die politische Macht des Stifters in einem sakralen Kontext zu demonstrieren, werden alle Erwachsenen auf den beiden Tafeln, die jeweils beide knapp einen Meter hoch sind, als Brustbild und beinahe lebensgroß gezeigt. Es war ein vorher nicht gekanntes Format mit monumentaler Wirkung. Sowohl Fouquet als auch Chevalier verkehrten im engsten Zirkel des Königs. Sie waren an dem Projekt beteiligt, nach der Vereinigung Frankreichs und der Gründung einer Monarchie in Folge des Hundertjährigen Kriegs eine langsam entstehende nationale Identität mitzugestalten, und sie profitierten davon. Eine ähnliche Demonstration von Macht und Andacht schuf Fouquet später, indem er großformatige Bilder in Miniaturen überführte. Im Auftrag Chevaliers erstellte er ein Stundenbuch (1450–1460), dessen Miniaturen ebenfalls ein Diptychon mit einer *Madonna lactans* und den beiden Étiennes enthalten. Auch hier verneigen sich der Stifter und sein Namenspatron leicht. Das große Format des Diptychons folgte historisch aber dem schon üblichen kleinen Format, um nun im größeren Maßstab dasselbe Erstaunen und dieselbe Ehrfurcht hervorzurufen. Im Jahr 1773 wurden die beiden Bildtafeln aus der Kathedrale von Melun getrennt voneinander verkauft, um die Renovierung der Kirche zu finanzieren. Das so wandlungsfähige wie ostentative Objekt wurde in seine Einzelteile zerlegt und ist zu zwei verschiedenen Bildern geworden, das dritte

Bild auf der Rückseite des linken Flügels ist heute verschollen. Die rechte Tafel mit der Madonna wurde vom Bürgermeister Antwerpens gekauft und gehört heute dem dortigen Koninklijk Museum voor Schone Kunsten. Die linke Tafel kaufte die Gemäldegalerie im Jahr 1896 aus der Sammlung Ludwig Brentanos in Frankfurt am Main. Die beiden Teile des Diptychons wurden in Berlin im Winter 2017/18 zum dritten Mal seit ihrer Trennung gemeinsam ausgestellt. Achtzig Jahre zuvor war das Diptychon anlässlich der *Exposition Internationale*, der von heftigen politischen Spannungen geprägten Weltausstellung von 1937, in Paris gezeigt worden. Das Deutsche Reich unterstützte General Franco in seinem Krieg gegen die demokratisch gewählte Regierung der Zweiten Spanischen Republik, unter anderem um seine wiederaufgerüstete Luftwaffe zu testen, die am 26. April 1937 die Stadt Guernica bombardierte. Im Herbst zeigte Spanien auf der Pariser Weltausstellung Pablo Picassos wegweisendes Gemälde *Guernica* (1937). Albert Speer war für die Architektur des deutschen Pavillons verantwortlich, für den er einen überdimensionalen Turm entwarf, auf dessen Spitze der Reichsadler mit Hakenkreuz thronte. Gebäude und Ausstellung wurden in Frankreich wohlwollend beurteilt, im Gegensatz zum ebenso monumentalen sowjetischen Pavillon, der dem deutschen auf der anderen Seite des Boulevards gegenüberstand. Als Gastland wollte Frankreich seine Modernität am Beispiel der kontinuierlichen Entwicklung der französischen Malerei beweisen, an deren Beginn man Fouquets Diptychon setzte, das man in diesem Kontext als nationales Symbol wiederentdeckt hatte. Die deutsche Reichskulturkammer stimmte der französischen Bitte zu, den linken Flügel des Diptychons für die französische Ausstellung im neu erbauten Palais de Tokyo auszuleihen, kaum drei Jahre, bevor das Deutsche Reich das Nachbarland mit seinen Panzern überrollen würde.

Hinter dem Stifter und seinem Namenspatron auf dem linken Flügel öffnet sich ein Interieur in die Tiefe des zentralperspektivisch angelegten Raums, um dem engen, reliefartigen, gotischen, flachen Raum des rechten Flügels entgegenzuwirken. Farbige Marmorplatten sind zwischen den Pilastern im Hintergrund der linken Tafel und am Thron der Madonna zu sehen. Die Farben Rot und Blau, die das Bild der Madonna dominieren, kehren in der Kleidung des Stifters und seines Namenspatrons wieder, während das Grau und das Weiß, von denen die Tafel des Stifters geprägt ist, in kälteren Tönen auf der Haut der Madonna und des Kinds aufgenommen werden. Die Ikonografie der Madonna gehört der nordeuropäischen Tradition an, genauso die dünnen, aber prägnanten Linien, die charakteristisch sind für die Miniaturen, die ihre Blüte in Frankreich, Flandern und England in Stundenbüchern und Manuskripten hatten, während die Darstellung perspektivischer

Verkürzung und körperlichen Volumens Fouquets Kenntnisse der Renaissancewerke von Masaccio, Fra Angelico oder Piero della Francesca zeigen. Von den 16 Medaillons des originalen, mit Perlen besetzten blauen und goldenen Samtrahmens des Dyptichons, der verloren gegangen ist, blieben nur zwei übrig. Das eine wurde vermutlich 1945 in Berlin gestohlen, das andere befindet sich heute im Pariser Louvre. Es ist aus bemaltem Kupfer gefertigt und zeigt Jean Fouquets Selbstporträt.

Das Gesicht des Malers, in Gold auf den glänzenden dunklen Untergrund gemalt, richtet seinen nüchternen Blick direkt auf den Betrachter. Es ist das erste unabhängige Selbstporträt von einem Künstler nördlich der Alpen, das nicht Teil der Komposition einer Szene ist. Zusammen mit seiner Signatur zeigt der Maler Selbstgewissheit und macht geltend, was heute Autorschaft genannt wird. Womöglich ist es der erste Schritt in einem langsamen Übergangsprozess, der sich die künstlerische Selbstdarstellung von der Signatur über die Einbeziehung des Gesichts des Künstlers ins eigene Bild zur künstlerischen Reflexion unterziehen würde – ein Mittel, Subjektivität auszudrücken oder zumindest ihre Maske zu zeigen.

Jean Fouquet wurde um 1420 in Tours geboren und war in Frankreich als *le peintre*, der Maler, bekannt, obwohl die erfolgreiche Werkstatt, der er in Tours vorstand, neben Gemälden auch viele Manuskripte und Miniaturen produzierte. Er arbeitete für König Karl VII. und wurde unter Karls Nachfolger Ludwig XI. zum *peintre du roy*, zum Hofmaler, ernannt. Ein verloren gegangenes Porträt von Papst Eugen IV. und ein lobender Kommentar des florentinischen Künstlers Filarete sagen uns, dass er in den späten 1440er-Jahren Rom besucht haben muss. Das Rom der Frührenaissance hatte ihn die Zentralperspektive und den Maßstab gelehrt, aber es ist wenig darüber bekannt, wie er sein Wissen über die niederländische Kunst erlangte, die seine Technik, Material und Oberfläche zu beschreiben, und sein kunstvolles Spiel mit Licht und Schatten beeinflusst hat. Er starb 1480 im Alter von ungefähr 60 Jahren.

Südliche und nördliche Kunst, Tiefe und Flachheit, Naturalismus und geometrische Abstraktion, akribisch wiedergegebene Objekte und reine Formen wurden von Fouquet nach einem ausgeklügelten Plan über die beiden Tafeln verteilt. Eine Reihe von Blicken, die sich in der Luft kreuzen – aber nie treffen – verbinden die beiden Teile des Diptychons. Der nach innen gewandte Blick der Madonna ist äußerlich auf das Kind gerichtet, der Blick des Kindes auf den Stein; der Heilige blickt auf das Kind, während der Stifter seinen Blick auf die rechte Tafel richtet. All diese Blicke werden vom Maler zusammengesponnen, um einen vereinten Raum zu schaffen, dessen Fluchtpunkt direkt unter dem Kinn der Madonna liegt. Wenn sich der Stifterflügel in einem 90-Grad-Winkel zum Flügel der Madonna befände, würde er eine beinahe dreidimensionale Verknüpfung von Blicklinien schaffen, die Maria wie ein Spinnennetz umgeben und sich um den Blick des Kindes auf den Stein zentrieren würden. Dieser Blick des Kindes ist die wichtigste Komponente, die den linken und den rechten Flügel miteinander in Beziehung setzt.

Das duale Schema eines Diptychons bedingt immer eine Spannung zwischen Einheit und Polarität. Ganz im Sinne zeitgenössischer Konventionen zeigt es eine Verbindung, die Unterschiede zwischen dem Säkularen und dem Sakralen, zwischen äußerem Blick und Sehvermögen und innerer Einsicht, Imagination und Delirium nicht auflöst.

Auf der glänzenden Oberfläche der zwei Kugeln aus buntem Marmor im Thron der Madonna spiegelt sich ein Fenster, das sich gegenüber im Raum befindet (und an flämische Malerei, besonders von Jan van Eyck erinnert) und wiederum einen geschlossenen, dunkleren Raum, vielleicht den Raum eines Innenlebens, anzeigt. Das Interieur auf dem linken Flügel ist hell und offen.

Schließlich korrespondiert diese umfassende Dualität zum einen mit der kulturellen wie geografischen Position des Künstlers zwischen den Niederlanden und Italien, zum anderen mit dem historischen Moment an der Schwelle zwischen dem in Europa zu Ende gehenden Mittelalter und einer gerade beginnenden Neuzeit. Zwischen dem Politischen und dem Geistigen, dem Monumentalen und dem Andächtigen gehorchen die sich hier zeigenden Spannungen meist der Konvention. Einige Ambiguitäten aber erscheinen selbst dem heutigen Betrachter als ungewöhnlich, gar radikal. Die Himmelskönigin, die auf dem Bild beinahe wie eine außerirdische Erscheinung wirkt, ist auf unheimliche Weise erotisch und untypisch modisch. Ihr blaues Gewand betont eine extrem schmale Hüfte; ihr halb aufgeschnürtes Korsett – das Ende des grünen Schnürbands hängt nach unten, als sei es eben geöffnet worden – enthüllt ihre schneeweiße Haut, während eine Hermelinrobe elegant auf ihren Schultern ruht.

Die Frau, die hier die Madonna darstellt, war aller Wahrscheinlichkeit nach Agnès Sorel, die zum Zeitpunkt der Entstehung des Diptychons mindestens zwei Jahre tot war.

Sie hatte als schönste Frau Frankreichs, vielleicht der ganzen Welt, gegolten. *La belle Agnès* war die selbstbewusste und extrovertierte Mätresse von Karl VII. und die erste Frau, die offiziell als solche anerkannt war und herrschaftliche Privilegien genoss. Diese mächtige Person, die für ihre Extravaganz,[1] aber auch für ihre Intelligenz und ihr Einfühlungsvermögen

1 Ein Würdenträger, der den französischen Hof im Jahr 1447 besuchte, beschwerte sich darüber, dass Sorel ihre Brustwarzen entblöße und Gerüchte und Getuschel provoziere; Sorels modische Entscheidungen waren ebenfalls ein immerwährender Skandal.

bekannt war, wurde von Königin Marie d'Anjou, Mutter der 14 Kinder des Königs, (möglicherweise notgedrungen) toleriert, dennoch machte sie sich viele Feinde.

Sorel starb plötzlich im Alter von 28 Jahren, im fünften Jahr ihrer Beziehung mit dem König, schwanger mit ihrem vierten gemeinsamen Kind. Sorels Leichnam wurde im Jahr 2005 exhumiert und forensische Untersuchungen kamen zum Schluss, dass die junge Frau vergiftet worden war. Vor ihrem Tod hatte Fouquet Sorel getroffen und sie porträtiert, als sie mit dem König nach Tours reiste. In seinem Diptychon visualisiert er beinahe wörtlich das Epitaph auf ihrem Grab, in dem es heißt, sie sei weißer als ein Schwan und roter als eine Flamme gewesen.

Für den Witwer Étienne Chevalier war die Darstellung der verstorbenen Agnès Sorel als Madonna im Angedenken an seine Frau (was uns heute merkwürdig vorkommen mag) nicht nur eine Hommage an die Geliebte des Königs, deren Testament er vollstreckte, sondern auch an seinen trauernden König. Die Verwandlung des Bilds der Mätresse in die Himmelskönigin war in der Kunst kein Präzedenzfall und sagt uns etwas über die französische Kultur jener Zeit, die von widersprüchlichen Kräften bestimmt war: christlicher Glaube und weltlicher Glanz.

Die Madonna verdankt ihre menschliche Schönheit und Attraktivität der toten Frau, und doch sind ihr Kopf und ihre Brüste, die unseren Blick auf sich ziehen, rund wie ein Kompass (was an das Werk von Paolo Uccello und Piero della Francesca denken lässt) und theoretisieren und neutralisieren so ihre Sinnlichkeit. Die Muttergottes bietet ihre Brust nicht dem Kind, das sie auch nicht zu bemerken scheint; Berührungen und mütterliche Zeichen der Zuneigung sind kaum zu erkennen. In seinem Diptychon verleiht Fouquet einer Kultur Ausdruck, die gleichermaßen von christlicher Spiritualität und der Bewunderung für und manchmal gar der Unterwerfung unter den sinnlichen Luxus und die exzessive Kreativität des französischen Königshofs beherrscht war.

Im 18. Jahrhundert jedoch galt die Madonna von Melun als hässliche Abbildung einer kontroversen Frau und hing an einer wenig prominenten, fast versteckten Stelle in den Ausstellungsräumen des Antwerpener Museums.

Seit die Brüste der Frau erstmals in der griechischen Kunst des vierten Jahrhunderts vor Christus bei der *Venus Pudica* (einer sittsamen Venus, die ihr Genital bedeckt) und beinahe zur selben Zeit bei einer Amazone mit nur einer Brust (die Kriegerinnen schnitten sich eine Brust ab, um den Bogen spannen zu können) erschienen, tragen nackte Brüste ein widersprüchliches Potenzial in sich. Auch die Darstellung der *Madonna lactans* war ein nicht unkontroverses Thema in der europäischen Kunst seit der

Renaissance. Sie wandelte auf dem schmalen Grat zwischen dem Sexuellen, dem Mütterlichen und dem Frommen. In Frankreich erkannte man später die nationalen Symbole Johanna von Orleans und Marianne, die revolutionäre personifizierte Allegorie auf die Freiheit und die Republik, an ihren Brüsten; Johanna trägt einen Brustpanzer, Marianne zeigt eine oder beide Brüste unbekleidet.

Was wäre aber, wenn diese Verknüpfung zweier verstorbener Frauen, Maria und Agnès, die sich ineinander spiegeln, etwas ganz anderes offenbarte? Was sagt uns diese Inkorporierung der Maria, geistlicher Königin und Brust gebender Jungfrau, Agnès Sorel, der vergifteten, sinnlichen, schwangeren Geliebten, und Catherine Budé, der verstorbenen Frau eines mächtigen Manns und Mutter seiner drei Kinder (die nicht gezeigt, aber implizit anwesend ist) in einer Figur? Vielleicht verkörpert diese Eiskönigin, eine Figur mit marmorner Haut, künstlich und schmerzhaft real zugleich, die gemalt wurde, als die Frau, die ihr als Modell diente, bereits mit einem ungeborenen Kind im Leib gestorben war, auch eine metaphysische Wunde, wovon uns der blutende Kopf des Heiligen erzählen könnte.

Der Säugling, auf dem Bild von ihr gehalten, wird nach seinem Tod wieder auferstehen. Er beweist die Komplizenschaft seines eigenen Bilds (und jedes Bilds) mit dem Wunsch, die Zeit anzuhalten. Es heißt, dass der Tod verschlungen und besiegt werden wird, wie Paulus an die Korinther schrieb, »wenn sich aber dieses Verwesliche mit Unverweslichkeit bekleidet und dieses Sterbliche mit Unsterblichkeit. Tod, wo ist dein Sieg?« Kann man den Tod besiegen, indem man sich das Gesicht einer toten Frau vorstellt? Wenn sie sorgfältig dargestellt wird, ist sie vielleicht nicht tot. Ihr Bild ist es, das der kniende Wohltäter ansieht, oder wovon er träumt – wenn die Aufteilung der beiden Tafeln eine Welt und ihr Spiegelbild trennt, dann ist der Versuch, die Liebe wiederauferstehen zu lassen, auch ein Versuch, die Herrschaft der Zeit anzufechten. Fouquets Maria-Sorel-Budé ist ein Gemäldeobjekt, das sich gegen das Vergehen der Zeit stemmt, das ihre verschlingende Kraft zurückweist und sie zugleich akzeptiert. Wie das Lied von Orpheus zieht der Maler Eurydike aus der Unterwelt, nur um sie durch seinen Blick unwiederbringlich wieder dem Tod zu übergeben.

Die Madonna in der Kirche (um 1440) von Jan van Eyck

Dieses schmale, hochformatige Gemälde führt uns durch ein Bogenfenster in das opulente Kirchenschiff einer Kathedrale, die eine Madonna mit ihrem Kind umschließt. Durch eine Reihe von Fenstern hoch oben fließt warmes Licht über die Figuren von Maria und Jesus, das sie wie leuchtende Fackeln erscheinen lässt. Aber dennoch ist das Bild in der Gemäldegalerie leicht zu übersehen. *Die Madonna in der Kirche* misst nur 31 mal 24 Zentimeter und hängt hinter Glas in einer Vitrine. Es ist schwer zu fassen und beinahe hypnotisierend, wie dieser wundersame und hyperrealistische Raum in ein Rechteck komprimiert wurde, das nur wenig größer als eine Postkarte ist.

Das kindliche Gesicht der Madonna ist elegant zur Seite geneigt; eine große Krone, die mit königlich blauen und roten Edelsteinen verziert ist, liegt schwer auf ihrem Haupt. Wie es echte Babys tun, greift der Säugling nach ihrer glitzernden Halskette, deren Gestaltung diejenige der Krone aufnimmt. Juwelen, die in der ersten Hälfte des 15. Jahrhunderts Heiligkeit anzeigten, wurden auf Gemälden oft mithilfe von Blattgold oder nachgemachten Edelsteine dargestellt. Bei seinem Versuch, die Wirkungen des Heiligen in der Kunst dingfest zu machen, betonte der deutsche Theologe Rudolf Otto, dass der magische Effekt, den Gebäude, Verzierungen oder Artefakte erzielen, auf den Wunsch nach Lokalisierung und Speicherung des Numinosen zurückgeht; unter anderem in gotischen Kathedralen wird das Numinose durch das künstlerische Mittel der Erhabenheit zum Ausdruck gebracht.[1]

Jan van Eyck aber benutzte nur ein Material, Ölfarbe, um Oberflächen zu schaffen, die in sich konsistent sind und in einer Kontinuität mit unserer Welt stehen. Die Betrachter von van Eycks Bildern mögen in ihnen Heiligkeit zu finden gehofft haben, um in einen engeren physischen Kontakt mit den Gegenständen ihres Glaubens zu kommen, die mittels ihres

1 Rudolf Otto, *Das Heilige*, München 2013 [1917], S. 85. Otto prägte den Begriff des Numinosen, um jenen ursprünglichen Aspekt des Heiligen zu benennen, der noch nicht in eine Ethik eingebettet ist und nicht synonym für das Gute gesetzt werden kann.

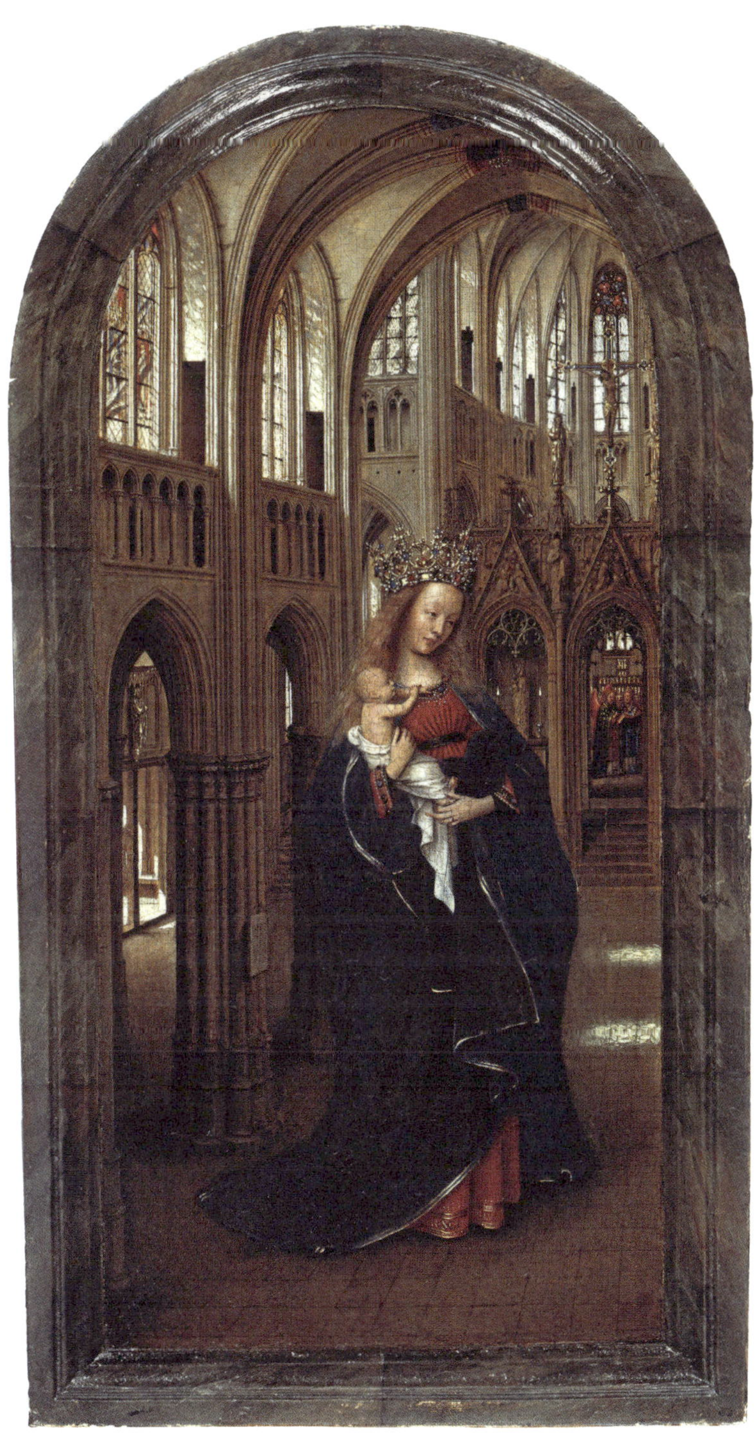

Gesichtssinns in ihre Seele Eingang finden sollten. Diese Heiligkeit wird durch des Malers Hände mit minutiöser Genauigkeit nach unten auf die Erde gebracht. Es gibt keine Differenzierung in der Auflösung oder im Blickfeld. Alle Details sind mit ähnlicher Präzision gemalt. Die Illusion dieser Bilder, die Fiktion der gemalten Welt als realer, wird für den Betrachter nirgends durchbrochen.

Überraschenderweise vermindert die relativ große Figur der Madonna – ihr gekröntes Haupt erreicht beinahe das Triforium der Kathedrale – nicht die Wirkung des großzügig bemessenen Interieurs, in dem sie sich befindet. Der diagonale Blickwinkel, der uns als Betrachter in der Kirche situiert, die von Licht erleuchtet wird, das aus der Seitenpforte und den Fenstern zur Linken kommt, lässt die Kirche vielmehr gewaltig erscheinen. Der Rahmen des Bildes schneidet die Kuppel des Chorraums an und betont dadurch, dass ihre Höhe die Grenzen des Gemäldes übersteigt. Der Maßstab der Madonna, der sich disproportional zu dem naturalistisch abgebildeten Jesuskind und noch viel stärker zu dem sie umgebenden Gebäude verhält, hat moderne Betrachter immer wieder in Erstaunen versetzt und Kunsthistoriker ins Grübeln gebracht. Doch zeitgenössische Betrachter mögen diesen Umstand entweder gar nicht bemerkt oder ihn nicht für ein Ungeschick des Malers gehalten haben.

Mit der Einführung der Perspektive in die bildliche Darstellung am Übergang zur Neuzeit verpflichtete sich die Malerei von Künstlern wie van Eyck und seinem Umfeld immer stärker dem Naturalismus. Das Verständnis des Gemäldes als Fenster, durch das die Betrachter blicken, implizierte, dass im Bildraum dieselben Regeln wie im empirischen Raum gelten müssen. Doch dieser neue Naturalismus musste mit der über tausend Jahre währenden christlichen Tradition versöhnt werden, wie Erwin Panofsky bemerkte, als er über van Eycks Kunst nachdachte. Eine nichtnaturalistische Kunst, welche die Einheit von Raum oder Zeit nicht anzuerkennen braucht, kann Symbole verwenden, ohne sich um empirische Wahrscheinlichkeiten kümmern zu müssen. Die unrealistische Größe der Madonna kann so als Lösung des Problems dieser bedeutsamen Ambivalenz betrachtet werden. Sie ist Ausdruck eines Symbolismus, der von der wahrheitsgemäßen Erscheinung der Dinge kaschiert wird und den Panofsky »verkleideten Symbolismus« nannte.[2] Mehr als eine Frau, Mutter oder Königin tritt uns diese Madonna als übernatürliches Wesen oder als eine Erscheinung gegenüber. Entweder damit korrespondierend oder dazu im Widerspruch stehend könnte sie auch für eine Idee und Institution stehen: die *ecclesia*, die Gemeinschaft der Gläubigen.

2 Erwin Panofsky, *Early Netherlandish Painting*, Cambridge, MA 1966, S. 141.

Auch der bemalte Rahmen dieses Gemäldes gehört zur alten und zur neuen Welt zugleich.[3] Das Bild war vermutlich der linke Flügel eines Diptychons, dessen zweiter Teil lange verloren ist. Sein Rahmen simuliert ein Fenster, durch das wir auf einen imaginierten projizierten Raum blicken, und ist doch mit seiner Marmor imitierenden Bemalung Teil des Gemäldes, der anzeigt, dass es ein greifbares Artefakt ist, und seine Materialität betont. Wenn Gemälde in der Kunst vor van Eyck oft vor allem schöne Dinge an sich waren, sind seine Gemälde nun sowohl edle Objekte als auch Welten, die sich vor uns öffnen; Welten, in die wir uns einbezogen finden.

Abgesehen von ungefähr vierzig Archivdokumenten und zwanzig Kunstwerken wissen wir wenig über Jan van Eycks Leben, obwohl seine Gemälde, unter denen auch Selbstporträts sind, die Daten enthalten, an denen er signierte. Er wurde um 1390 in Maaseyck bei Maastricht geboren, im Jahr 1425 wurde er Hofmaler des Herzogs von Burgund in Lille, dessen Territorium im 15. Jahrhundert bis nach Flandern reichte. Weil er ohne Unterlass seine Rivalität mit anderen Höfen pflegte, wurde der Herzog, der als Philipp der Gute bekannt war, in Nordeuropa zur treibenden Kraft, die Malerei und Skulptur zu den führenden Künsten machte, wodurch raffinierte Luxusobjekte wie Schmuck oder Tapisserien als bis dahin wichtige Währungen und Symbole von Herrschaft und Reichtum abgelöst wurden. Nah an dem mächtigen Mann malte Jan van Eyck im Zuge einer geheimen Mission auf der Suche nach einer geeigneten Gemahlin für den Herzog ein Porträt von Isabella von Portugal, das zu ihrer Heirat führte. Der Herzog wandelte das Jahresgehalt des Künstlers in eine lebenslange Pension um und erklärte seinen zögerlichen Buchhaltern, dass »wir keinen anderen finden würden, der so nach unsrem Geschmack ist und so ausgezeichnet in seiner Kunst und Wissenschaft«.

Zusätzlich zu seiner Funktion als Hofkünstler führte van Eyck private Aufträge aus. Dazu gehörte etwa ein komplexes Polyptichon für den Altar einer Privatkapelle in Gent, das er zusammen mit seinem Bruder Hubert van Eyck, über den sehr wenig bekannt ist, im Jahr 1432 fertigstellte. Mit seinem Lamm mit menschlichem Antlitz, wie eine Aufsehen erregende, umfassende Restaurierung vor kurzem ans Licht brachte, gilt das Altarwerk als Anstoß für eine Revolution des Bildes – zusammen mit dem

3 Lange Zeit dachte man, der Rahmen sei dem Gemälde im 19. Jahrhundert hinzugefügt worden. Vor kurzem aber wurde vom Kustos für altniederländische und altdeutsche Malerei in der Gemäldegalerie, Stephan Kemperdick, bestätigt, dass der Rahmen älter und möglicherweise der Originalrahmen ist. Siehe Stephan Kemperdick, »Jan van Eyck's Madonna in a Church and its Artistic Legacy«, in: *Jan van Eyck, An Optical Revolution*, Ausstellungskatalog, hrsg. vom Museum voor Schone Kunsten Gent, Gent 2020.

von circa 1434 stammenden Doppelporträt *Die Arnolfini-Hochzeit* (wobei weder Arnolfini noch eine Hochzeit als sicher gelten), das vermutlich einen italienischen Händler mit seiner Frau in Brügge zeigt. Dieses Bild, das heute in der National Gallery in London hängt, ist eines der verblüffendsten Gemälde überhaupt. Sein Realismus, der sich unter anderem in Gestalt eines Spiegels, der den gemalten Raum und möglicherweise den Künstler reflektiert, selbst entdeckt, lässt uns für immer im Unklaren, ob das, was er zeigt, nicht nur die Täuschung selbst ist.

Giorgio Vasari krönte in der 1568 erschienenen Ausgabe seines Buchs *Leben der ausgezeichnetsten Maler Bildhauer und Baumeister von Cimabue bis zum Jahre 1567* van Eyck zum Erfinder der Ölmalerei. Er schrieb dem flämischen Künstler mystische Kräfte und sorgfältig gehütete Geheimnisse zu und bemerkte, dieser finde »großes Vergnügen an der Alchemie«. Darüber hinaus aber behauptete er, dass die italienischen Renaissancemeister dieser Erfindung van Eycks viel verdankten. Die Ölmalerei gab es lange vor van Eyck, vermutlich seit der Antike, aber seine Methode war in der Tat radikal neu und beeinflusste die Malerei unumkehrbar durch ihre schnellen Trocknungsprozeduren, durch die vereinfachte Transportierbarkeit der Tafeln und Leinwände und schließlich durch die neuen Möglichkeiten, die menschliche Haut darzustellen, die auf übereinandergelegten Farbschichten und Glasuren basierten, um sattere Effekte zu erzielen. Jede Farboberfläche reflektiert das Licht anders, wie es die Materialien tun, die diese Oberflächen repräsentieren; die Farbe nimmt den Charakter dessen an, was sie repräsentiert.

Statt seine Gemälde dem ähneln zu lassen, was er sah, scheint van Eyck versucht zu haben, das Gesehene neu zu schaffen. Mit van Eyck offenbarte sich Ölfarbe als unausweichliches, notwendiges Instrument, das die Malerei erst zu dem herausragenden Medium der Kunst machte, das sie bis zum heutigen Tag ist. Wie im Fall anderer technologischer Erfindungen war eine Innovation wie diese weniger eine Entdeckung als vielmehr eine Möglichkeit, die latent längst vorhanden war, aber erst aufgegriffen wurde, als die Bedingungen und Bedürfnisse reif waren, um eine Revolution in Gang zu setzen.

Das Licht, das von der linken Seite der Kathedrale hereinfällt, impliziert eine Welt außerhalb des Bildes und einen sonnigen Tag. Wenn diese realistisch gemalte Kirche wie die meisten mittelalterlichen Kirchen und Kathedralen nach Osten ausgerichtet ist, sollte die Sonne aber von der anderen Seite ins Gebäude scheinen. Das von Norden einfallende Licht bestätigt, dass diese Kathedrale, so akkurat und realistisch sie auch gemalt ist, kein existierendes Kirchengebäude zeigt.

In allen Gemälden van Eycks kommt es nur zweimal vor, dass ein spezifisches Gebäude identifiziert werden kann: Van Eyck hat im Genter Altarwork und in der Landschaft, die man in *Madonna des Kanzlers Rolin* (ca. 1435) sehen kann, einen Kirchturm abgebildet, der aussieht wie derjenige von Utrecht. Von diesem Turm abgesehen trägt sich das Geschehen in allen seinen Bilder in und vor gänzlich erfundenen, aber hyperrealistischen Gebäuden zu. Es sind architektonische Pastiches, die gebaut werden könnten, aber nicht gebaut wurden. Viele Maler der Frührenaissance waren Architekten; Gemälde dienten auch dem Zweck, neue Ideen auszuprobieren. (»Ohne Architektur«, sagte der italienische Architekt Sebastiano Serlio, »gibt es keine Perspektive. Aber ohne Perspektive gibt es auch keine Architektur.«[4]) Nach allem, was wir wissen, war van Eyck kaum daran interessiert, selbst zu bauen; ihm schien vielmehr daran gelegen zu sein, Architekturen zu erfinden, die auch als Metaphern dienen.

Wenn das von Norden hereinscheinende Licht übernatürlich ist, dann ist diese Kirche mehr als ein Gebäude. Im Gegensatz zum irdischen ist das himmlische Jerusalem, das nach dem Ende der Zeit bewohnt werden wird, nicht geografisch festgelegt; deshalb war es nur plausibel, das himmlische Jerusalem als die europäische Stadt darzustellen, die der Künstler besucht hatte oder in der er lebte. Im Talmud ist das »himmlische Jerusalem«, wörtlich das »Jerusalem oben«, eine weltliche Stadt, die auch ein Bezirk des Geistes ist. Von vielen Christen wird das Neue Jerusalem, eine Stadt, die von oben kommen wird, als Vollendung des Leibs Christi, der Kirche, interpretiert. In der Vision des Johannes in der Offenbarung heißt es über die Bewohner der Stadt: »Es wird keine Nacht mehr geben und sie brauchen weder das Licht einer Lampe noch das Licht der Sonne. Denn der Herr, ihr Gott, wird über ihnen leuchten und sie werden herrschen in alle Ewigkeit.«[5] Die Interpreten sind sich über die Bedeutung des nördlichen Lichts nicht einig, aber auf dem Saum der majestätischen roten Robe der Jungfrau ist ein weiterer Hinweis auf göttliches Licht in Gestalt eines lateinischen, in goldenen Lettern verfassten Texts gestickt: »Sie ist herrlicher als die Sonne und übertrifft alle Sternenbilder. Verglichen mit dem Licht hat sie den Vorrang.« Dieser Vers entstammt dem apokryphen *Buch der Weisheit*, in dem es drei Zeilen zuvor heißt: »Sie ist die Helligkeit des ewigen Lichts und der

4 Siehe Hubert Damisch, *Noah's Ark*, Cambridge, MA 2016.
5 Offenbarung 22,5. Einheitsübersetzung.

makellose Spiegel von Gottes Majestät.«[6] Die Jungfrau Maria ist ein perfekt reflektiertes Licht, dessen Quelle Gott ist.

Licht ist in den späten Werken van Eycks (sofern sie präzise datierbar sind) zu einem beinahe autonomen Protagonisten geworden; es ist nun nicht mehr ein bloßes Vehikel, um die Materialität und das Volumen aller Oberflächen mit den Mitteln der Ölmalerei zu definieren, sondern eine Instanz, die mehr zur Erzählung des Bildes beiträgt als jede menschliche Handlung. Lange betrachtete man *Die Madonna in der Kirche* als frühes Werk des flämischen Künstlers, dessen letztes Gemälde auf das Jahr 1439 datiert ist. Aber es ist gerade die Verarbeitung des Lichts in diesem Bild, die Kunsthistoriker davon überzeugt hat, dass es vielmehr van Eycks letztes Gemälde ist, das er vor seinem Tod im Sommer 1441 fertiggestellt hat.[7]

Ein kleines Duplikat der Madonna in Form einer Statue, die zwischen zwei brennenden Kerzen steht, ist hinter ihr im Bild zu sehen. Diese in Grisailletechnik gemalte Steinskulptur manifestiert nicht nur den Gedanken des Paragone – des Wettstreits der Künste über die Frage, welche Kunstform die überlegene sei – sondern intensiviert noch einmal die lebensechte Weise, in der die »echte« Madonna gemalt ist (wodurch wiederum darauf hingewiesen wird, dass auch sie nicht echt ist). Wie ein geringerer Gott kann der Künstler Licht und Leben schaffen. Van Eyck signierte alle seine Werke mit dem Motto *Als ich chan* und verweist damit sowohl auf ein Gefühl der Omnipotenz als auch auf eine Anerkennung der weltlichen Beschränkungen. Wie eine göttliche Tat verbirgt seine Malerei, dass sie gemalt, jemals »gemacht« worden ist, und zeigt doch zugleich die akribische Arbeit, die ihr zugrunde liegt (weswegen van Eyck den Preis für Gemälde auf dem Markt in der Tat nach oben trieb).

6 Dieser Text gehörte laut Panofsky zum Marienlob an Mariä Himmelfahrt in verschiedenen flämischen, nordfranzösischen und niederrheinischen Diözesen. Dem Buch der Weisheit, VII, 29 und 26 entnommen, behaupte es, dass die Göttliche Weisheit, wie sie in der Universalkirche verbreitet und in der Jungfrau Maria verkörpert ist, schöner als die Sonne sei und über der Ordnung der Sterne stehe. Panofsky 1966, wie Anm. 2, S. 62
7 Kemperdick 2020, wie Anm. 3, S. 63

Ein Zoom aus der Ferne

Darbringung Christi im Tempel (um 1454) von Andrea Mantegna

Als Maria und Joseph den neugeborenen Jesus in den Jerusalemer Tempel brachten, um ihn dem Herrn zu weihen (oder, wahrscheinlicher, um das Kind beschneiden zu lassen), hatten sie laut Lukasevangelium ein Taubenpaar als Opfergabe dabei. Aber weder das Tieropfer noch Details des Altars oder des Tempels sind in der dichten malerischen Interpretation der Szene von Andrea Mantegna zu sehen. Mantegna, der als Sohn eines Tischlers vermutlich 1431 in der Nähe von Padua geboren wurde und 1506 in Mantua als gefeierter, aber bankrotter Hofmaler der Gonzaga-Dynastie starb, hatte die damals herrschenden malerischen Konventionen für seine Interpretation dieses populären religiösen Themas hinter sich gelassen.

Wie jeder Künstler in Padua, der norditalienischen Stadt in der Republik Venedig, dürfte Mantegna das Fresko Giottos gut gekannt haben, das den damaligen darstellerischen Normen gemäß ebenfalls *Die Darbringung Christi im Tempel* zeigt. Giotto stellte um 1303 die heilige Szene in der Scrovegni-Kapelle mit vielen Protagonisten, deren Körper gemäß der Konvention der Zeit vollständig gezeigt wurden, innerhalb einer architektonischen Komposition dar. Für seine eigene Interpretation von 1454 scheint sich Mantegna hingegen auf das Werk von Donato di Niccolò di Betto Bardi, besser bekannt als Donatello, bezogen zu haben. Der Bildhauer aus Florenz hatte in Padua gearbeitet; als er im Alter von fast 60 Jahren in die Stadt kam, war Mantegna zwölf. Donatello war der erste, der sich für die Erfindung seines Freundes Filippo Brunelleschi interessierte – die mathematische Perspektive der Repräsentation des Raums im Bild. In Padua sollte Donatello das erste vollkommen freistehende Reiterdenkmal seit der Antike fertigstellen; es zeigt Erasmo da Narni (Gattamelata), entstand zwischen 1447 und 1453 und befindet sich auf der Piazza del Santo. Das Porträt eines Mannes im Sattel eines lebensechten Pferds in Bewegung befreite die Skulptur von den Beschränkungen der Architektur.

Mantegna war dafür bekannt, als einer der ersten Renaissancekünstler in der Nachfolge Donatellos die Technik der perspektivischen Verkürzung von Räumen und Körpern wieder aufzunehmen und virtuos zu beherrschen.

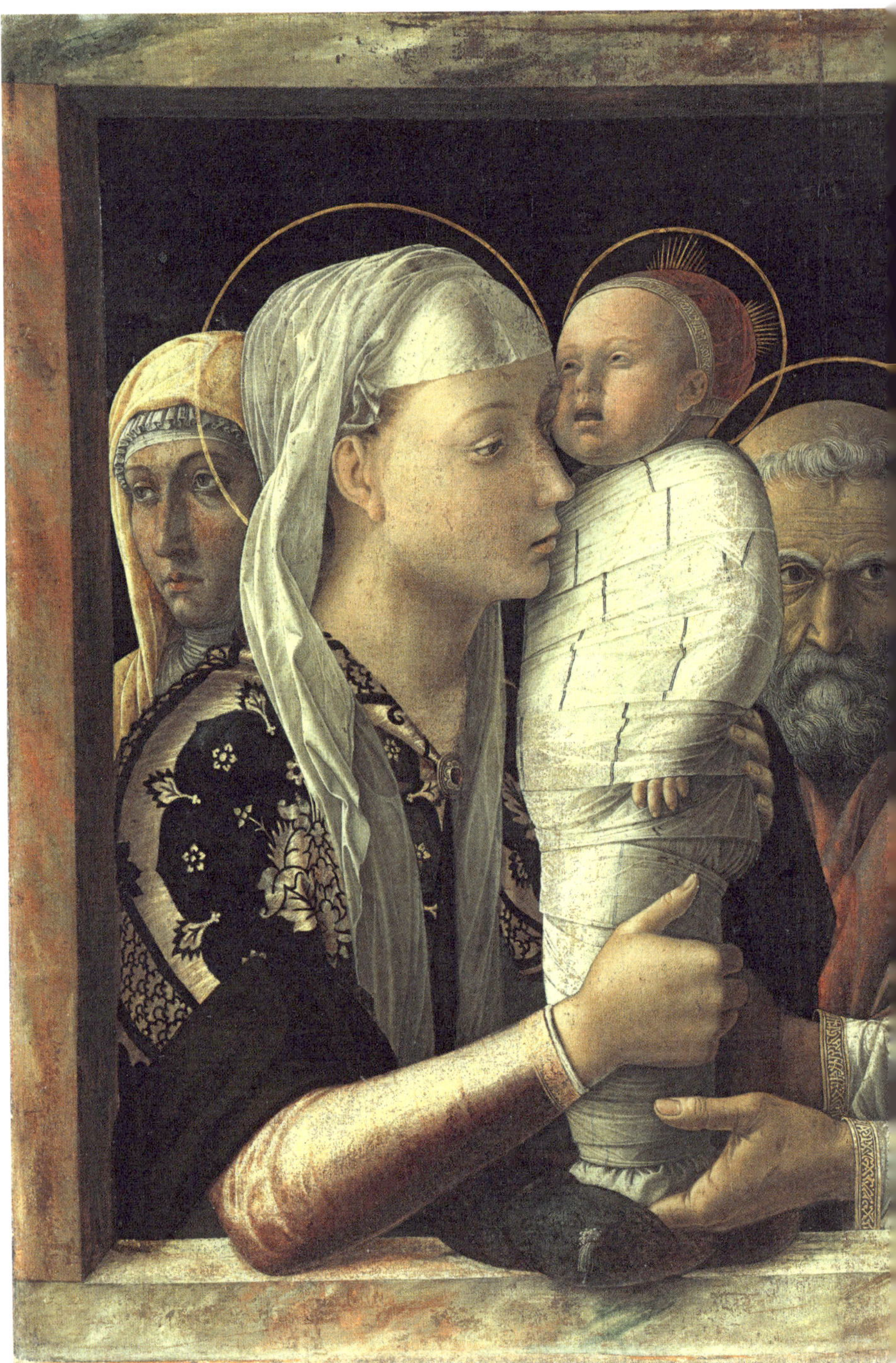

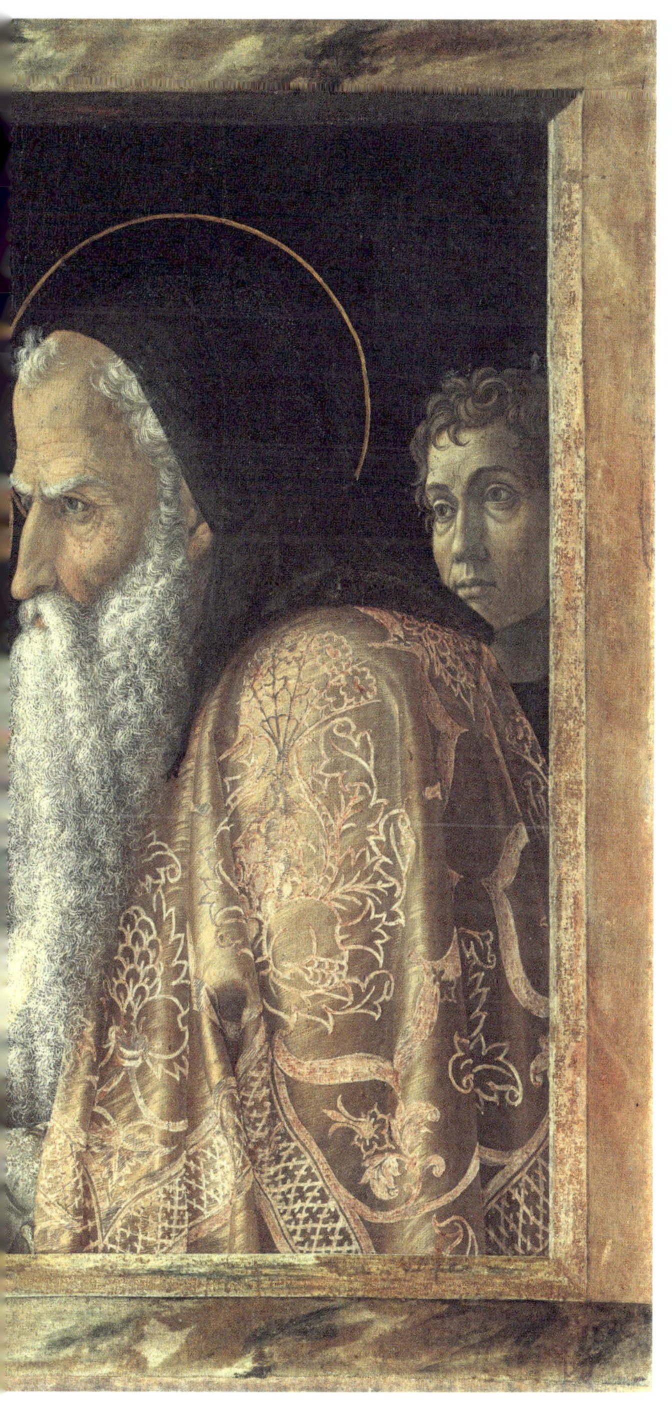

Sein späteres Gemälde *Die Beweinung Christi* (1480) in Mailand ist eine faszinierend ungelenke Übertreibung der perspektivischen Verkürzung der Renaissance. Es zeigt in einem steilen Blickwinkel den auf einem Marmorblock ausgelegten Leichnam von Jesus, was den Betrachter – der davon unweigerlich bewegt wird – zu Füßen Christi positioniert und ihn dadurch den Platz der Maria Magdalena einnehmen lässt, die diese Füße zuvor mit ihren Tränen benetzt hat. In der *Darbringung* hingegen schneidet Mantegna seine Figuren ab der Hüfte ab. Er drängt sie auf einem engen, durch einen gemalten Marmorrahmen begrenzten Raum vor dunklem Hintergrund zusammen, als zoome er in ein flaches Close-up. Die dichte Konzentration der Gruppe lässt die Bildebene fast zweidimensional und die Figuren wie in ein Fries geschlagen erscheinen.

Im Vordergrund seines 1454 entstandenen Gemäldes ist Simeon als Weiser in feierlicher Haltung und mit würdigem Gesichtsausdruck zu sehen. Sorgfältig und fein gemalt, jedes einzelne seiner Barthaare ist mit dünnen Linien aus Eitempera dargestellt, ergreift Simeon die Füße von Jesus, in dem er laut Lukasevangelium den Messias erkannt hatte. Die zärtlich abgebildete Geste der betrübten Mutter, an deren bleiches Profil sich die Silhouette des Babys wie ein Puzzlestück schmiegt, verweist auf die Ambiguität der nervenaufreibenden mütterlichen Sorge um das Kind und die quälende Anerkennung der Bürde, die ihr Baby tragen muss – oder deren Zurückweisung. Anders als die Maria Giottos scheint sie das Kind mit beiden Armen von Simeon wegzuziehen, als ob sie Jesus in seiner menschlichen Dimension bei sich behalten und vor seinem Schicksal retten wolle. (Im katholischen Gebet ist die Prophezeiung Simeons die erste der *Sieben Schmerzen Marias*, obschon die Darbringung Christi selbst zu den *Freudigen Mysterien* gehört.) Dieses beinahe symbiotische Porträt – eine Röntgenaufnahme des Gemäldes zeigt, dass Mantegna das Gesicht der Mutter näher an das des Kindes gezogen hatte – offenbart die Nähe Mantegnas zu den Madonnen Donatellos. Donatellos heilige Muttergottes hält auf einem Bronzerelief in St. Antonius in Padua ihr Kind ebenso fest; in seiner marmornen *Pazzi Madonna* beugt sie ihr Gesicht dicht über das ihres Säuglings.

Das Baby weint. Vielleicht aus Angst, seiner Mutter entwunden zu werden, vielleicht in Vorausschau seines Leidens am Kreuz. Semitransparente Streifen weißen Leinens scheinen das Kind wie ein Verband zu umwickeln, ein fesselndes Bilddetail, das die Tücher mit der Leinwand gleichsetzt, auf der sie gemalt sind. Die Leinwand wird in der Tat durch weggeschabte Farbe bloßgelegt und leiht ihr gewebtes Raster so der Darstellung der Textur des Wickeltuchs, das einem Leichentuch ähnelt. Auch das Marmorfenster, in dem sich die Szene abspielt, weist auf Jesu Grab voraus.

Mantegna war ungefähr 23 Jahre alt, als er Die *Darbringung Christi im Tempel* malte. Er war damals bereits einer der berühmtesten Künstler Norditaliens und Favorit der intellektuellen Elite. Das Bild war keine Auftragsarbeit und befand sich wohl in Privatbesitz. Vermutlich malte Mantegna das Bild anlässlich seiner Vermählung mit Nicolosia im Jahr 1453 und der Geburt ihres Sohns im folgenden Jahr. So sehr das Bild der Idee des Opfers Glanz verleiht, schimmern in ihm doch zugleich Intimität und Nähe auf; es ist ein Andachtsbild, das zugleich Familienporträt ist. In der zweiten Reihe der Gruppe auf Mantegnas Bild ist uns der Kopf Josephs zugewandt, der stirnrunzelnd und mit Ehrfurcht auf Simeon blickt. Zwei Figuren ohne Heiligenschein sind auf den Seiten zu sehen: eine junge Frau zur Linken, vermutlich stellt sie Mantegnas junge Frau dar, und ein junger Mann zur Rechten, der halb vom Rahmen verdeckt wird. Er starrt abwesend in den Bildraum. Er wurde spätestens seit dem 19. Jahrhundert mit Mantegna selbst identifiziert.

Nicolosia war Giovanni Bellinis Halbschwester, die Tochter von Jacopo, dem Pater familias der erfolgreichsten Künstlerfamilie Venedigs. Jacopo mag geplant haben, das Wunderkind Mantegna als kostenlosen Mitarbeiter seiner Werkstatt gewinnen zu können, aber sein Schwiegersohn, Selfmademan aus einer Tischlerfamilie, hatte andere Pläne. Schon im Alter von 17 Jahren hatte er im Bewusstsein seines Könnens einen Prozess gegen seinen besitzergreifenden Adoptivvater Squarcione angestrengt, um sich von seinen Verpflichtungen dem alten Mann gegenüber zu entledigen. (Squarcione war ebenfalls ein Selfmademan, weniger ein Maler als ein Unternehmer mit einem Blick für große Talente; er gründete die erste private Kunstakademie Italiens in Padua.) Im Jahr 1459, bald nach seiner Hochzeit, wurde Mantegna Hofmaler und de facto künstlerischer Intendant der Gonzagas, der Herzöge von Mantua, wohin er mit seiner Familie zog. Dort lebte und arbeitete er bis zu seinem Tod, 47 Jahre später. Neben seiner Malerei, der er sich über ein halbes Jahrhundert lang widmete, diktierte er im Dienst der Gonzagas Geschmack und Gestaltung von Bauten, Skulpturen, Schmuck, Tapisserien, Stickereien und Theaterkulissen.

Die ungewöhnliche Close-up-Gruppierung um die Madonna und das Kind in Mantegnas *Darbringung* hat einen dualen Effekt. Vermutlich dem Prinzip der Ikone als Werk folgend, das zugleich innig und streng formal ist, komprimiert das Bild den Raum, als blicke man durch ein Teleobjektiv: Das Geschehen in der Ferne wird uns nähergebracht, wir sehen all seine Einzelheiten und beobachten die Szene doch weiterhin aus der Distanz. Der gemalte Marmorrahmen definiert eine Grenze, welche die Gemaltheit der sich hinter ihr befindenden Figuren anzeigt, deutet aber zugleich eine latente Überschreitung in die Welt des Betrachters an. Das gilt besonders für das Jesuskind, das auf einem Kissen auf dem Marmorrahmen stehend gehalten wird. Marias Ellbogen, der auf den Betrachter zeigt, ist das entscheidende Instrument des Trompe-l'Œil. Er zieht uns in den durch den Rahmen definierten Raum hinein und verschiebt im selben Augenblick die Grenzen des Bildes in die Realität hinaus.

Ein (zumindest auf den ersten Blick) beinahe identisches Zwillingsbild der *Darbringung* hängt in der Fondazione Querini Stampalia in Venedig. Über Jahrhunderte hinweg wurde über den Ursprung dieser so verblüffend ähnlichen und doch inhärent verschiedenen Gemälde gestritten, oft wurden beide Mantegna zugeschrieben. Ein Rätsel wurde gelöst und ein neues tat sich auf, als sich zeigte, dass das Bild in Venedig gut zwanzig Jahre nach dem Bild in Berlin gemalt und von Giovanni Bellini, Mantegnas Zeitgenossen und Schwager, geschaffen worden war. Man fand außerdem heraus, dass Bellini nicht bloß von Mantegnas Werk inspiriert war, sondern dessen Bild abgepaust hat. Auch Bellinis Gemälde war keine Auftragsarbeit, und es entstand vermutlich ungefähr zu dem Zeitpunkt, als Bellinis Vater Jacopo starb.

In den beiden Gemälden spiegelt sich die komplexe Beziehung zwischen Mantegna und Bellini, die Gegenstand der so gelehrten wie imposanten Ausstellung *Mantegna und Bellini. Meister der Renaissance* in der Berliner Gemäldegalerie im Frühjahr 2019 war. Dort wurden die beiden Bilder zum ersten Mal zusammen gezeigt. Bellinis *Darbringung* strahlt eine warme Ruhe aus. Die Farben sind roter, der Künstler verbreiterte die Komposition und fügte ihr zwei weitere Personen hinzu, auf jeder Seite eine. Bellini entkleidete seine Protagonisten der Heiligenscheine, und während in Mantegnas Gemälde mit der alten Technik des Auftrags von Eitempera auf Leinwand jedes einzelne Haar sorgfältig wiedergegeben wird, ist Bellinis Bild geschmeidiger, harmonischer und weniger drastisch als Mantegnas. Bellini malte mit Öl auf Holz. Er war einer der Ersten, die diese neue Technik übernahmen, die bald das Gros der europäischen Malerei bestimmen sollte. Sie erreichte aus Nordeuropa über die Alpen kommend zuerst Venedig, durch Künstler wie Jan van Eyck, der die Malerei mit einem Detailreichtum verfeinerte, den man zuvor nicht kannte, und damit ihre Transformation zu einem eigenständigen künstlerischen Medium in Gang setzte.

Bellini verwandelte den Marmorrahmen aus Mantegnas Bild in eine Brüstung. Überhaupt ist nichts von Mantegnas skulpturalem Denken in Bellinis Variation des Bilds geblieben. Ulisse degli Aleotti, der humanistische Dichter und venezianische Freund Mantegnas pries Mantegnas lebensgetreue Malerei und schrieb, dieser habe »in Farbe gemeißelt«. Aber eben diese Qualität wurde Mantegna schon zu Lebzeiten zum Vorwurf gemacht, von seinem von ihm verlassenen Lehrer aus Padua, Squarcione, und von Giorgio Vasari, der ihn in seiner Biografie beschuldigte, Figuren zu malen, die wie Statuen aus Stein, nicht wie lebendige Menschen aussehen. Einige Jahrhunderte später behauptete auch Bernard Berenson, dass Mantegna Menschen gemalt habe, »als seien sie aus bemaltem Marmor, nicht aus Fleisch und Blut«, und setzte damit erneut das Vorurteil in die Welt, das noch das Urteil einiger einflussreicher Kunsthistoriker und Kritiker des 20. Jahrhunderts, darunter Peter Schjeldahl vom *New Yorker*, infizierte. »Für uns alle steht heute Giovanni Bellini als Beispiel für die Unabhängigkeit des Geistes höher als Mantegna und, *a fortiori*, als jeder andere Zeitgenosse aus Venedig oder Padua«, schrieb der Kunsthistoriker Roberto Longhi im frühen 20. Jahrhundert. Longhi verfolgte Zeit seines Lebens das Ziel, die weithin anerkannte Tatsache, dass Bellini künstlerisch in der Schuld seines älteren Schwagers stand, in ihr Gegenteil zu verwandeln, indem er behauptete, Bellini sei zehn Jahre früher geboren. Mantegnas Bewunderung der Antike und des Humanismus machte ihn in den Augen seiner Kritiker entweder zu einem Heiden, zum »Archaiker« mit mangelnder religiöser Sensibilität (Berenson) – oder zu einem zu frommen Christen, dem die Sinnlichkeit des wahren Heiden abgehe (Gombrich). Mantegna war mal zu arrogant, mal zu »akademisch«, mal zu virtuos und mal zeigte er zu deutlich, wie er machte, was er tat.

Kann es sein, dass die erwähnten Kritiker vollkommen übersehen haben, was in der Ausstellung von 2019 auf schlagende Weise offensichtlich war? Dass Mantegnas Denken in skulpturalen Begriffen die innige und nachdenkliche Empathie, die er gegenüber seinen Protagonisten zeigt, keineswegs mindert? Sahen sie nicht, dass ihre eigentümlichen menschlichen Charakteristika seine Protagonisten von ikonografischen Figuren in Individuen verwandelt haben? Sie tragen zeitgenössische Kleidung, ihre Körper besitzen physische Schwere. Sie sind erhaben und ideal, aber auch konkret; sie sind skulptural und doch lebendig. Wer vor diesem Gemälde steht, wird sich Mühe geben müssen, nicht wahrzunehmen, was es zeigt: Die emotionale Ehrfurcht eines Malers, der sich gleichermaßen vom Thema der Mutterschaft und der Erzählung des Evangeliums betroffen zeigt wie vom Ineinanderfließen beider Stränge.

Die Paarung dieser beiden *Darbringungen* in der Berliner Ausstellung demonstrierte, wie intensiv der jeweilige Einfluss des einen Malers auf das Werk des je anderen war und wie stark sich ihre Arbeitsweisen und künstlerischen Programme unterschieden. Sie zeigte auch, dass die Dichotomien, mittels derer die beiden Künstler in einem ewigen Wettbewerb darum, wer denn nun der Bessere gewesen sei, über Jahrhunderte hinweg kategorisiert wurden, weder den sechzig Jahre währenden Dialog der beiden zur Kenntnis nehmen, noch die Frage zu erfassen vermögen, was es hieß, im 15. Jahrhundert ein maßgeblicher und erfinderischer Künstler zu sein.

Im Jahr 1504 schrieb ein venezianischer Kunsthändler an Isabella d'Este, die Ehefrau Francesco Gonzagas, die selbst eine sachkundige Sammlerin von Antiquitäten und Mäzenin beider Maler war: »Niemand kann Herrn Andrea Mantegna in Hinblick auf seinen Erfindungsreichtum schlagen, wo er höchste Exzellenz erreicht hat, aber wenn es um Farbe geht, ist Giovanni Bellini vortrefflich.« Giovanni Santi, der Vater des Malers Raffael, war Hofmaler von Federico Montefeltro, des Herzogs von Urbino. Laut Santi sei der Herzog angesichts von Mantegnas Bildern »stupefatto«, sprachlos, gewesen. Mit dieser Beschreibung implizierte er nicht nur, dass Mantegna der größte aller italienischen Maler inklusive Piero de la Francesca war, sondern dass in seinem Werk die Malerei über das Wort triumphiert.

Vergleicht man die biografischen Hintergründe der beiden Künstler – hier der privilegierte, brillante Sohn, dort der adoptierte Virtuose aus ärmlichen Verhältnissen, der bis zum Alter von zehn Jahren um seinen Platz kämpfen musste – dann fällt es leichter, die freie, harmonische, glatte Lieblichkeit, die beinahe jedes Gemälde Bellinis verströmt (die Berliner Sammlung ist reich an Bellinis), mit der Idee einer optimistischen Renaissance, oder zumindest der Vorstellung des 19. Jahrhunderts von ihr, zu verbinden. Bekannt dafür, ein langsam arbeitender Perfektionist zu sein, war Mantegnas Verständnis der menschlichen Natur vielleicht pessimistischer und dessen dunkle Schärfe eher dazu angetan, ihn zu kompromisslosem Denken anzutreiben.

»Jeder Historiker weiß, dass unser Wissen über die Vergangenheit beinahe ausschließlich auf Gerichtsakten beruht«, sagte Kenneth Clark in einer Vorlesung über Mantegna an der Royal Society of Arts im Jahr 1958, »und aus diesem Grund wissen wir über Mantegna in jeder einzelnen Periode viel.« Roger Fry beschrieb den Künstler schon 1905 als »streitsüchtig, missgünstig und klagefreudig. Wir hören von ihm fast nur, dass er ein kranker Nachbar, ein unglücklicher Vater, ein indiskreter, gealterter Liebhaber sei.« Insofern sei bemerkenswert, meinte Fry, dass dieser stolze, ehrgeizige und schwierige Mann, der »beinahe mehr als Humanist denn als Künstler« gelten könne, die zärtlichsten Bilder von der Madonna und ihrem Kind in der christlichen Kunst gemalt habe.

Ungeachtet aller dieser Fakten aber bleibt am Ende ein Mysterium: »Trotz der Strafe, trotz der Erniedrigung einer ›fleischgewordenen‹ Existenz geben uns seine Madonna und das Kind doch ein Rätsel auf. Sie leben ein Leben, dessen Gefühle unbekannt sind – intensiv, aber zu ruhelos, um göttlich zu sein«, glaubte Fry.[1] Mantegnas Realismus hat sich dem Detail verschrieben, wie die flämischen Gemälde, die ihn sicher beeinflusst haben, dennoch ist er unerwartet dunkel und mystisch.

1 Roger Fry, »Mantegna as a Mystic«, in: *The Burlington Magazine for Connoisseurs*, Bd. 8., Nr. 32, 1905, und Roger Fry, »Madonna and Child by Andrea Mantegna«, in: *The Burlington Magazine for Connoisseurs*, Bd. 62, Nr. 359, 1933.

Der Schatten der Existenz

Selbstporträt I und *II* (1649 und 1650) von Nicolas Poussin

Der Augenblick, in dem Narziss sein Spiegelbild im Wasser entdeckt, galt Leon Battista Alberti als der Ursprung der Malerei: Sie ist die Kunst, das Spiegelbild einzufangen, das auf der unsteten Wasseroberfläche zu sehen ist. Der Renaissancemensch Alberti ergänzte seine metaphorische Erklärung mit einer zweiten Quelle, indem er den römischen Rhetoriker Quintilian zitierte, der behauptete, die frühesten Maler hätten die Umrisse der Schatten nachgezeichnet, die von der Sonne beschienene Gegenstände werfen. Eine in Bezug auf den Ursprung der künstlerischen Wiedergabe der Welt bemerkenswertere Theorie aber ignorierte Alberti in seinem 1436 veröffentlichten Traktat *Della Pittura*.[1] Es ist die vom römischen Historiker Plinius in seiner Enzyklopädie *Naturalis Historia* erzählte Geschichte von der Tochter eines Töpfers aus Korinth, die das Zeichnen erfunden habe, als sie mit einem Stück Kreide den Schattenriss ihres kurz vor der Abreise stehenden Geliebten an die Wand zeichnete.[2]

Zwischen dem Einfangen des auf der Wasseroberfläche erscheinenden Spiegelbilds – denn was sei die Malerei anderes als die künstlerische Umarmung der Oberfläche, fragte Alberti seine Freunde rhetorisch – und dem Umschließen des Schattens, den ein anderer geworfen hat, wird die Malerei entdeckt oder erfunden. Das Spiegelbild wiederholt, der Schatten ähnelt. Der Ort der Malerei liegt zwischen Imitation und Index, der physischen Verbindung zum Leben. Sie ist Schatten der Existenz und Mittel, die Erinnerung an das Bild des Geliebten im Gedächtnis festzuhalten.

»Ich werde Ihnen dasjenige schicken, das am besten gelungen ist«, schrieb der Maler Nicolas Poussin in einem auf den 20. Juni 1649 datierten Brief an seinen Freund und etwas neidischen Kunden Paul Fréart de Chantelou.

1 Leon Battista Alberti schrieb zwei Versionen seines Traktats über die Malerei: die lateinische Fassung *De pictura* im Jahr 1435 und die in der Landessprache gehaltene Fassung *Della pittura* im Jahr 1436.
2 C[ajus] Plinius Secundus d[er] Ä[ltere]: *Naturkunde*, Lateinisch-deutsch. Sammlung Tusculum, 35, hrsg. und übersetzt von Roderich König in Zusammenarbeit mit Joachim Hopp (ab Bd. 23), Gerhard Winkler und Wolfgang Glöckler, München/Zürich/Heimeran 1973–2004.

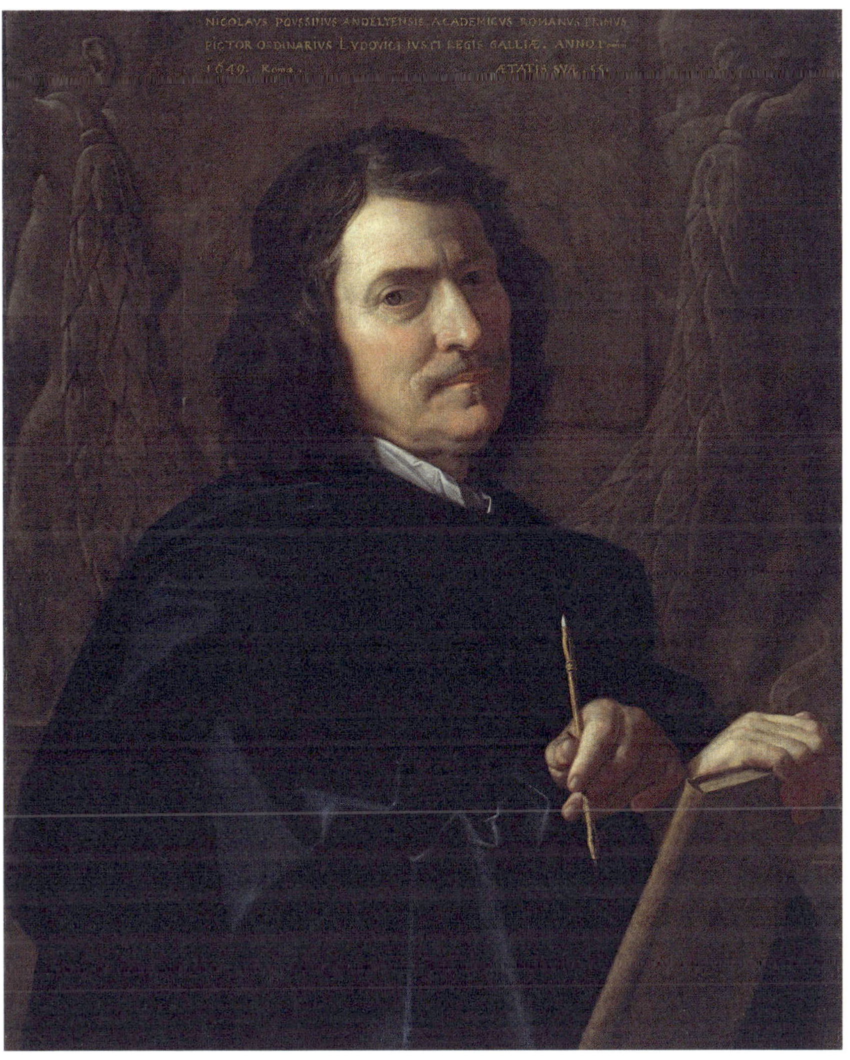
NICOLAVS POVSSINVS ANDELYENSIS ACADEMICVS ROMANVS PRIMVS
PICTOR ORDINARIVS LVDOVICI IVSTI REGIS GALLIÆ. ANNO Domini
1649. Romæ. ÆTATIS SVÆ. 55.

EFFIGIES NICOLA
YENSIS PICTORIS

Nachdem er einige der besten Gemälde Poussins in den 1640ern erstanden hatte, wollte de Chantelou nun ein Selbstporträt des Künstlers erwerben. »Aber Sie dürfen bitte nicht darüber sprechen, um zu vermeiden, dass Eifersüchteleien entstehen«, fuhr Poussin fort. Er bezog sich auf einen weiteren, ähnlichen Auftrag, den er für einen anderen Kunden, Jean Pointel, ausführte.[3] Poussins Versprechen war der Vorsicht geschuldet, beneidete Chantelou doch Pointel, weil dieser bei Poussin *Die Auffindung des Moses-Knaben* (1638) beauftragt und von ihm erhalten hatte.

Die rätselhafte Geschichte dieser beiden Selbstporträts Poussins ist zum Gegenstand vieler Spekulationen geworden. Es sind die einzigen Selbstporträts, die der französische Maler, der in Rom arbeitete, je geschaffen hat. Warum malte Poussin diese beiden unterschiedlichen Bilder selbst, wenn keiner der beiden Kunden das ausdrücklich verlangt hatte? Warum sind sie so ähnlich, aber nicht identisch? Er schuf diese Porträts, als er sich auf dem Höhepunkt seiner Karriere befand, trotz ihres künstlerisch minderen Status – sein Œuvre enthält nur ein weiteres Porträt, Beweis für sein grundsätzliches Unbehagen, um nicht zu sagen seinen Widerwillen gegenüber einem solchen Unterfangen. Aber offensichtlich fand er keinen anderen Maler für diesen Doppelauftrag, der ihm geeignet schien: »Es gibt in Rom keinen, der gute Porträts malt«, schrieb er Chantelou. So entschied er, die Aufgabe selbst zu erfüllen.

Wahrscheinlich verdanken wir die Entstehung dieser kryptischen Bilder der latenten Rivalität der beiden Sammler, Poussins Gefühl, beiden verpflichtet zu sein, und schließlich seiner Angst, insbesondere den emotionaleren der beiden Kunden zu enttäuschen. »Ich bin nicht einer von denen, die immer den selben Tonfall haben, wenn sie singen; ich kann ihn ändern, wenn ich möchte«, hatte er in einem Brief an Chantelou zwei Jahre zuvor, am 24. März 1647, geschrieben. Der Doppelauftrag hatte ihn dazu gebracht, die beiden Selbstporträts beinahe zur selben Zeit zu malen. Diese Porträts – des Malers und, wie so oft, zugleich der Malerei selbst – stellen eher eine Wiederholung denn eine Kopie dar; eine Verdopplung, die durch Ähnlichkeit einen Unterschied betont.

Poussin behandelt das »Selbstporträt« als Schema, als Struktur, auf deren Grundlage er zwei Variationen erstellt.[4] Als Subjekt des Gemäldes muss sich der Maler zu dessen Objekt machen. Diese Spaltung, deren Integration *Selbstbewusstsein* genannt wird, definiert unvermeidlich jeden Versuch, sich selbst zu erfassen oder zu begreifen, und sie wird hier von Poussin gleich zweifach adressiert. Er zeigt nicht nur das Selbstporträt als etwas, das seinem Wesen nach zweifach, gespalten und abgegrenzt ist; sondern auch die Malerei – die bildliche Repräsentation als solche.

3 Siehe Louis Marin, *Sublime Poussin*, Palo Alto 1999, S. 183–208.

Dem Umstand zum Trotz, dass der Maler selbst bezeugt hatte, zwei Selbstporträts gemalt zu haben, kursierte das für Pointel erstellte Bild, das sich seit 1821 in der Berliner Sammlung befindet, lange Zeit mit einem unklaren Status.[5] War es eine Skizze? Eine Studie für das Gemälde, das Chantelou bekommen sollte? War es eine Kopie, die Poussin selbst oder jemand anders angefertigt hatte? Erst im Jahr 1953 wurde das Werk schließlich zweifelsfrei als das Bild identifiziert, das Poussin im Jahr 1649 für Pointel gemalt hatte: bis dahin hatte man eine in London befindliche Kopie dieses Bilds für das Original gehalten.

Das für Pointel gemalte *Selbstporträt I* zeigt den Oberkörper Poussins vor dem Basrelief eines Grabsteins. Ein von zwei angeschnittenen Putten gehaltener Lorbeerkranz umrahmt seinen leicht geneigten Kopf. Der Bildraum ist flach und gedrängt. Die Figur des Malers erfüllt ihn, im Hintergrund umgeben vom Grabstein, auf dem eine Inschrift zu sehen ist, die Poussins biografische Daten auflistet. (Ein im Jahr 1660 entstandener Stich des Gemäldes bezeugt, dass ein späterer Besitzer gnadenlos den oberen Rand des Bilds abgeschnitten hat.) Doch das Bild ist nach den Seiten hin offen, die beiden Putten blicken jeweils in den Raum jenseits des Gemäldes hinaus und bieten sich der Welt außerhalb zum Austausch an.

Die Inschrift über dem Kopf des Malers vermerkt Poussins Namen, Herkunft, Status, das aktuelle Datum und sein Alter. Sie ist beinahe identisch mit einem Epitaph, der sich auf dem Grabstein seines Freunds, des flämischen Bildhauers Francois Duquesnoy, in Rom findet. Poussin platzierte seinen Kopf an die Stelle des Grabsteins, an der man das Porträt des Verstorbenen sehen würde. Das Gesicht und sein Körper sind weicher als in dem späteren, dichteren *Selbstporträt II* im Pariser Louvre, das er wie versprochen im Frühjahr 1650 an Chantelou geschickt hatte. Das Porträt des Malers erscheint recht lebendig. Er wendet sich halb dem Betrachter zu, seinen Blick auf den Beobachter, vielleicht auch auf seine eigene Reflexion im Spiegel jenseits des Bildraums gerichtet.

4 Poussin beschreibt das Prinzip der Variation in einem Brief an Chantelou, um diesen die Betrachtung von Bildern zu lehren. Louis Marin vergleicht die beiden Porträts mit musikalischen Variationen, die den Maler selbst zum Gegenstand haben. Kann das Problem der Imitation des Selbst durch das Selbst mittels des Prinzips oder des Systems der musikalischen Variation gelöst werden? »Poussin schlägt zwei ›Arten‹, zwei Variationen zweier Malweisen vor, die in der Figur des Malers selbst präsentiert werden. Die Figur, die wir Poussins Selbstporträt nennen, maskiert, oder ist vielleicht eine Maske für Poussins theoretische Vorschläge, Malweisen betreffend. [...] Der Maler wiederholt sich nicht in seiner Identität, sondern in seiner Differenz.«, ebenda.

5 Pointels Bild war später Teil der Sammlung von Edward Solly, einem englischen Händler, der in Berlin lebte (1776–1844).

Poussins erstes Selbstporträt zeigt eine Geste der Melancholie und erfasst das kontemplative Naturell des Malers, das diesem Gemälde zu seiner Existenz verhalf. Er porträtiert sich gleich zweimal, indem er den Platz des Verstorbenen einnimmt: zum einen durch seinen Namen und sein Alter im Epitaph auf dem Grabstein und zum anderen mit seiner gemalten Figur. Für immer 55 Jahre alt, ist er umgeben vom Glorienschein eines Lorbeerkranzes, den Babyputten tragen, die Toten ehrend und die Geburt feiernd. So wird die Malerei als Ort des Niedergangs und Erstehens markiert.

Poussin verachtete Caravaggio. Dieser, so lautete ein berühmt gewordener Spruch Poussins, sei in die Welt gekommen, »um die Malerei zu zerstören«. Poussin war 16, als Caravaggio starb. Beide gaben Antworten auf die Krise der Repräsentationskunst im Italien des 16. Jahrhunderts, die unterschiedlicher nicht sein konnten, und doch vermittelten beide Künstler eine nachhaltige Dichotomie im Verständnis und der Konzeptualisierung des Bildraums und der Malerei. Poussin versuchte die Werte der Renaissance wiederzubeleben, die Leon Battista Alberti zweihundert Jahre zuvor in seinem Traktat *Della Pittura* über den Ausdruck der Leidenschaften und Gefühle durch Gesten formuliert hatte. Indem er den kastenartigen Charakter eines – im Gegensatz zur Altarkunst oder zu Wandmalereien – nun unabhängig von der Architektur gewordenen Bildes überwand, konfrontieren die Figuren in Caravaggios Bildern nun erstmals offen den Betrachter. Poussin war diese Idee suspekt. In seinen Bildern scheinen die Figuren in sich gekehrt zu sein, sie scheinen die Existenz eines Betrachters überhaupt nicht zu bemerken; sie schotten vielmehr das Drama, das sich auf den Bildern abspielt, die man später als Tableaus definieren wird, vom Betrachter ab. Interessanterweise eröffneten beide divergierenden Ansätze einen Weg, der zur modernen Malerei führte, die sich im 20. Jahrhundert herauskristallisierte. »Lesen Sie die Geschichte und die Malerei«, hatte Poussin zehn Jahre zuvor an Chantelou geschrieben, als er ihm das Gemälde *Die Israeliten sammeln Manna in der Wüste* (1638) übergab, und so seine Vorstellung davon deutlich gemacht, wie seine Gemälde zu entschlüsseln wären.

Poussins Gemälde sollen eine Distanz zu sich selbst und in Bezug auf den Betrachter herstellen. Sie verschlüsseln ihren Subtext, in dem mythologische und biblische Motive allegorisch gelesen werden sollen. Poussin wollte die Werte der Renaissance wie den Ausdruck von Gefühlen durch Gesten (*affetti*) wiederbeleben und der Perspektive als geometrischer Grundlage der künstlerischen Repräsentation wieder zu ihrem Recht verhelfen. Er wandte sich gegen die Theatralisierung der Kunst und der Welt, die in Rom um 1630 einzusetzen begann, da es neue Typen von Betrachtern gab, deren Selbstbewusstsein und Selbstvertrauen sich die Malerei nun unterordnen musste.[6] Das Ergebnis war eine Poussins Bildern eigene intrinsische Distanziertheit, die vermutlich der technologischen Bildproduktion essenziell vorausgegangen ist und von dieser auch nicht übertroffen werden kann.

Die durch den Spiegel hervorgerufene Umkehrung ist ein wesentlicher Reflexionsmechanismus für das Selbstporträt, für die dialektische Vertauschung der Figur und ihres Hintergrunds, des Innen und des Außen des Bildes und schließlich der Theorie und Praxis der Malerei. Der in diesem Selbstporträt abgebildete Maler hält einen Zeichenstift, der seine Profession anzeigt und ein Buch mit dem Titel *Licht und Farbe*. Diese Aufschrift ist jedoch offensichtlich nachträglich hinzugefügt worden, als das Bild Poussins Atelier bereits verlassen hatte. Hingebungsvolle Restaurateure, die dies im Jahr 1994 entdeckten, entschieden sich dafür, sie zu entfernen, und mit ihr auch jeden Zweifel über ihre Herkunft. Dieses Buch hat der Maler Poussin, der auch als Intellektueller, Forscher und Dichter bekannt war und sich hier mit einem Buch statt einer Leinwand darstellte, nie geschrieben. Obwohl der Buchtitel auf Licht, Schatten und Farbe als Elemente sowohl des Sehsinns als auch der Malerei, und damit auf das Interesse des Malers an der Theorie der Farben, der Wissenschaft der Optik und an der rationalen Begründung der Malerei verweist, demonstriert diese vertikale Schrift wie die horizontale Schrift über dem Porträt des Malers (die selbst eine Abbildung, Malerei ist) den Wettbewerb zwischen Schreiben und Malen im Streben der Kunst nach Dauerhaftigkeit. In diesem Fall gehören die Architektur – Stein, Grabstein, Denkmal – und die Skulptur zur Kunst des Bildes. Der Stift ist beleuchtet; das Buch vom Schatten verdunkelt.

Diese Zurschaustellung des Konkurrenzverhältnisses zwischen den Medien war auf Kunstwerken der Zeit üblich. Als ihn ein Fremder einmal fragte, wo man in Rom gute Antiquitäten kaufen könne, hob Poussin eine Handvoll römischen Staubs auf, bot sie dem Fremden an und sagte: »Lassen Sie mich Ihnen die schönste Antiquität geben, die Sie sich je wünschen könnten.« Poussin verwies damit auf die Vergänglichkeit materieller Werke der Kunst, der Malerei und der Skulptur gleichermaßen.

Platzierte man beide Selbstporträts nebeneinander, würde es scheinen, als habe Poussin seine Figur im späteren Porträt (1650) aufgerichtet, ihr einen strengeren Gesichtsausdruck gegeben und den Raum nach hinten eröffnet, um das Bild mit dem Atelier des Künstlers aufzufüllen, das nun den Grabstein im Rücken ersetzt. Die schwarze Toga, die der Künstler auf beiden Bildern trägt, ist ein Hybrid zwischen einem römischen Trauergewand und einem für das Rom des 17. Jahrhunderts typischen Arbeitskittel. Eine Reihe sich überlappender Rechtecke umrahmen das Gesicht des

6 Siehe in diesem Band *Der Plan der Natur* über Poussins *Landschaft mit dem Evangelisten Matthäus und dem Engel.*

Malers in seinem Atelier. Indem er zugleich offenbart und verbirgt, analysiert dieser Atelierhintergrund den Prozess des Malens, in dem jedes Detail für die Malerei als solche steht. Gleich hinter dem Maler sehen wir eine Leinwand, deren Vorderseite von uns weggedreht wurde. Hinter diesem geheimgehaltenen Gemälde sehen wir eine Leinwand, die uns zugewandt ist und den Kopf einer dreiäugigen hellenischen Frau zeigt (wobei das dritte Auge das Diadem auf ihrem Kopf ziert). Sie wiederum wird von einer unvollständigen Figur, die sich außerhalb des Bildraums befindet, umarmt.

Während die Putten in dem für Pointel gemalten Selbstporträt ihre Arme nach draußen, in den Raum jenseits des Bildes strecken, kommt in Chantelous Bild das Draußen nach drinnen, reicht ins Bild und ins Gemälde hinein. Die Kanten beider Selbstporträts dienen als aktiver Grenzbereich, als Ort des Austauschs zwischen dem Innen und dem Außen des Gemäldes. Diese Grenze erfüllt die Allegorie der Malerei mit Leben und definiert zugleich ihr Ende.

Schließlich findet sich auf einer nicht bemalten Leinwand im Bildhintergrund, die dem Betrachter zugewandt ist, die goldene Inschrift:

Effigies Nicolai Poussini Andel:
Yensis Pictoris. Anno aetatis 56
Romae Anno Jubilei
1650.

(Porträt des Nicolas Poussin von Les Andelys, Maler. In seinem
56. Jahr zu Rom, im Jubiläumsjahr 1650.)

Des Malers eigener Schatten verdunkelt die Schrift auf der zum Bemalen vorbereiteten grauen Leinwand. Die Schrift am Rand des Gemäldes ist beschnitten, wie die Figur auf der gegenüberliegenden Seite, die Arme von außerhalb des Bühnenrands ausstreckt, um die hellenische Frau zu umarmen oder vielleicht aus dem Gemälde herauszuziehen. Beide Seiten des Gemäldes zeigen so in Wort und Bild an, dass alles, was wir sehen, immer auch das ist, was wir nicht sehen; was innerhalb des Rahmens sichtbar ist, gehört zum Außen oder setzt sich im Außen fort. Der Text der Signatur trennt die Person vom Maler, vom Gegenstand und vom Modell und erläutert zugleich die Allegorie der Malerei.

Das Wort »Effigies«, das Poussin der Signatur von Chantelous Bild hinzufügte, meint Porträt, Statue oder Bildnis; aber auch einen Schatten oder einen Geist. Der Mensch, so erklärt uns das erste Kapitel des Buchs Genesis, wurde als Gottes Ebenbild erschaffen. »Ein Bild, das uns gleich sei«, wie es in der Übersetzung von Luther heißt. Im hebräischen Originaltext ist von צלם (tselem) die Rede, einer Form, einem Bild, einem Abdruck. Aber wie das lateinische »effigies« enthält »tselem« das Wort »tsel«, das Dunkelheit und Schatten bedeutet. Gestalt und Form sind vom ersten Anfang an mit dem Schatten verbunden, am Ur-Moment des Bilds: Der Erschaffung des Menschen nach der Gestalt Gottes (der formlos ist). Noch vor dem Menschen, vor der Erschaffung gibt es den Schatten. Und noch bevor es einen Ursprung gibt, gibt es ein Bild. In der Malerei hingegen kann der Schatten nur erscheinen, wenn es eine Figur gibt, ein tselem. Ohne tselem kein tsel. Der Schatten fällt in Poussins Selbstporträt wie eine Prophezeiung des noch zu malenden Bilds auf die noch leere Leinwand, wie ein Ersatz, ein unvermeidlich gespenstischer Begleiter aller lebender Dinge, die abgebildet werden. Das Selbstporträt ist ein Schatten.

Mit Poussins Selbstporträts, zwei beinahe identischen Bildern, die fast zur selben Zeit gemalt wurden, ereignet sich eine Serie von Verdopplungen: Das Selbst, Poussin, sein Porträt (die Entfremdung und Fragmentierung, die dem Akt sich selbst zu betrachten inhärent ist, in dem das Selbst zum Gegenstand, zum anderen wird); und schließlich die Figur, die der Maler von sich macht, und ihr Schatten, der seine Existenz in eine sichtbare und in eine unsichtbare Figur verdoppelt. Etwas Unsichtbares (ein Geist?) wird sichtbar gemacht. Die Freundschaft lasse weit voneinander entfernte Menschen präsent erscheinen, schrieb Alberti. Aber die Malerei habe die göttliche Macht, uns sogar diejenigen vor Augen zu führen, die schon gestorben sind. Die Betrachter der Toten erfreuen sich an ihrem Bild und bewundern in eben diesem Augenblick die Fähigkeiten des Malers. Ist die Macht der Malerei also erhabener als die der Freundschaft? In seinen Selbstporträts stellt Poussin die Frage der Porträtmalerei und der Vergänglichkeit. Lässt die neu geschaffene Präsenz die reale Abwesenheit der abgebildeten Person vergessen? Oder erinnert sie uns an eben diese Abwesenheit?

Der Plan der Natur

Landschaft mit dem Evangelisten Matthäus und dem Engel (1640) von Nicolas Poussin

Eine Biegung des Flusses führt das Auge zu einer Stadt, die in Ruinen liegt. Ihre Darstellung ist detailreich und reduziert, das Arrangement beinahe geometrisch. Zu erkennen ist der Torre delle Milizie aus dem Hochmittelalter, wodurch wir die Stadt als Rom identifizieren können. Auf dem quadratischen Wehrturm soll Nero das verheerende Feuer von 64 vor Christus beobachtet haben, wie die Legende hartnäckig behauptet. Obwohl dieser massive Turm auf dem Gemälde *Landschaft mit dem Evangelisten Matthäus und dem Engel* aus dem Jahr 1640 ebenso wie die Gegend der römischen Campagna in verschiedenen Landschaften Nicolas Poussins wiederkehrt, scheint die Besonderheit dieser Orte und Sehenswürdigkeiten zweitrangig zu sein. Vielmehr dürfte es dem Maler darum gegangen sein, sie zu erhöhen und ihre ideale Essenz herauszuarbeiten: Kubus, Zylinder, Kugel, Kegel.

In der Nähe dieser Biegung des Tibers sitzt der Evangelist Matthäus auf einem der Steine am Ufer und schreibt. Ein von hellem Licht illuminierter Engel, der ihm traditionell als Bildelement zugeordnet ist, leitet flüsternd den Evangelisten an, mit dem Finger deutet er auf die Schrift, bei der es sich um das erste der vier Evangelien handelt. Wir sehen sie als zweiköpfige Kreatur symbiotisch miteinander verbunden, umgeben von verstreut umherliegenden architektonischen Fragmenten: Säulentrommeln, Kapitelle und einem Quaderstein. Der Mensch und der Engel sind im sachten Braun der sandigen Erde verwurzelt, als seien sie dort gewachsen. Das Licht fällt gleichmäßig; die Szene ist klar. Sie entspricht einem cineastischen Establishing Shot, einer Sequenz, die zu einem einzigen Bild verdichtet wird, um Betrachtern, die von weit außerhalb und aus erhöhter Position auf sie herabblicken, zu eröffnen, was in dieser auf Pause gestellten Geschichte passieren wird, die sich in ewiger Distanz entfaltet.

Poussin lebte die meiste Zeit seines Lebens in Rom. Er entwickelte seine Sichtweise in einer Gesellschaft, in der sich zunehmend ein Geschmack fürs Spektakuläre entwickelte. Die energischen Päpste der Gegenreformation gaben Mitte des 17. Jahrhunderts in rascher Folge den Bau von Kirchen und Durchfahrtstraßen in Auftrag und verwandelten die Stadt in einen Ort überschwänglicher Theatralität. Der Kunst kam nun die Aufgabe zu, die Sinne zu überwältigen, wie die Werke Lorenzo Berninis beispielhaft zeigen, der die römische Kunstwelt des 17. Jahrhunderts dominierte und für mehrere Päpste und Kardinäle arbeitete. Eine neue Art der Kunstbetrachtung entwickelte sich in privaten Kunstgalerien, und mit ihr entstand eine neue Spezies des Kunstbetrachters, der oft ein kenntnisreicher Connaisseur, manchmal auch ein eher unbelesener Liebhaber der Künste war, der sich der Malerei widmete, weil das dem eigenen Selbstbild zuträglich war und den Wunsch nach Kultiviertheit zufriedenstellte. Poussins Klassizismus muss auch in diesem Kontext betrachtet werden – er wandte sich dem zu, was er als die reinen Ursprünge der Kunst der Vergangenheit verstand, indem er antike gräko-romanische Skulpturen und Fragmente studierte. Dabei entwickelte er allmählich eine stoische Zurückhaltung, um die Kunst wiederzubeleben, indem er anstelle einer freieren Pinselführung mit kräftigen Farben und klaren Konturen arbeitete. Sein Klassizismus zeigte eine deutliche Distanzierung und klaren Widerstand gegen die beschriebene Theatralisierung der Kunst und der Welt, die man bald als barocken Stil bezeichnen sollte.

Wie die Ruinen um sie herum sind Matthäus und der Engel vollständig isoliert. Es gibt um sie herum keine Lebenszeichen, nur Überreste davon: Nahe den beiden makellosen nackten Füßen, die unter dem blau-orangefarbenen Gewand des Matthäus und dem elfenbeinfarbenen Kleid des Engels hervorlugen, als seien beide ein Körper, ist ein weißes Tuch auf einem Quaderstein drapiert. In seiner weißen Farbe spiegeln sich die Wolken am Himmel und das Engelskleid wider, während die Falten einen toten Körper imitieren, einen enthaupteten Leichnam. Verweist er auf das Ende des Heiligen Matthäus? Einer Legende zufolge wurde er von einem Attentäter erstochen, als er in Äthiopien predigte, was Caravaggio auf beeindruckende Weise in seinem Gemälde *Das Martyrium des Hl. Matthäus* in der Kirche San Luigi dei Francesi in Rom (1599–1600) darstellte. Die architektonischen Ruinen hingegen dienen als visuelle Metapher des Schutts, den die Launen der Geschichte zurücklassen. Es sind Ruinen, die wie die Schriften des Geschichtsschreibers zurückbleiben, um Zeugnis abzulegen von der Vergänglichkeit des Lebens und der Dinge. Der Text des Matthäus ist selbst ein Fragment, eine Erinnerung an den flüchtigen Moment der verlorenen Rede des Engels. Das Schreiben ist wie dieses Gemälde aus Erinnerung und Sprache geboren; zwischen dem lebendigen Matthäus und der Figur seines Todes.

Poussin war inspiriert von oder unvermeidlich verbunden mit den philosophischen Spekulationen von Zeitgenossen wie Roland Fréart de Chambray, der seinerseits Poussin bewunderte und für den die Geometrie Quelle und Vorbild für alle Künste war; oder René Descartes, der unter anderem die geometrische Ordnung als Beweis für die Existenz Gottes betrachtete; oder schließlich Galileo Galilei, der schrieb, ohne Kenntnisse der Mathematik und ihrer geometrischen Figuren wie Dreiecken, Kreisen und anderen könne man nicht philosophieren. In diesem Sinn war für Poussin die äußere Erscheinung der Dinge unvermeidlich mit ihrer rationalen Natur und organischen Ordnung verbunden. So sind spezifische Orte in seinen Landschaften graduell von einer universellen Sprache durchdrungen, in der jede Form auch ihr je eigenes Modell ist.

Das soll nicht heißen, Poussin hätte nicht wie viele andere Maler des 17. Jahrhunderts die Natur aus erster Hand studiert. Viele Zeichnungen bezeugen seine systematischen Studien und zeigen, wie er die naturalistische Repräsentation der Natur meisterte. »Ich habe gesehen, wie er Steine, Lehmklumpen und Zweige studierte, um Felsen, terrassierte Grundstücke und Baumstümpfe besser darstellen zu können«, erinnerte sich der französische Diplomat und Autor André Félibien, einer von vier Biografen Poussins, der den Maler in Rom traf.[1] Wir wissen auch, dass Poussin schon zwanzig Jahre bevor er dieses Bild malte, Ausflüge auf den Ager Romanus machte. Der deutsche Maler und Theoretiker Joachim von Sandrart erinnert sich in seiner mehrbändigen Biografie von Poussin, wie er diesen in seinen ersten römischen Jahren aufs Land begleitete, um nach der Natur zu malen.[2] Zusammen mit Claude Lorrain, einem weiteren jüngeren französischen Exilanten, dessen verträumte, präromantische Landschaften unterschiedlicher nicht sein könnten, ritten sie jenseits der Mauern Roms bis Tivoli den Tiber entlang. Es war vielleicht nach einer dieser Exkursionen, als Poussin seinen berühmten Satz sagte: »Ich habe nichts unbeachtet gelassen.«

Dennoch geht es Poussin in seiner *Landschaft mit dem Evangelisten Matthäus und dem Engel* nicht darum, eine bestimmte Zeit, einen existierenden Ort oder eine typische Vegetation wiederzugeben. Seine Studien sind offensichtlich akkurat, aber sie dienen lediglich als Vehikel. Die *Landschaft mit dem Evangelisten Matthäus und dem Engel* gilt als die erste seiner »klassischen« oder »heroischen« Landschaftsmalereien, die Poussin peu à peu entwickelte, bis diese Gattung zu seiner essenziellen künstlerischen Errungenschaft wurde, die Natur mittels seines Ideals wiederzubeleben oder neu zu erfinden.

Poussins Vision der Natur ist in sein Konzept einer wesentlich intellektuellen Kunst eingebettet. Seine Erkundungen sind Reisen, eine Suche nach

1 Claude Lévi-Strauss, *Look, Listen, Read,* New York 1997, S. 33.
2 Pierre Rosenberg und Keith Christiansen (Hrsg.), *Poussin and Nature: Arcadian Visions*, Ausstellungskatalog, Metropolitan Museum of Art, New York 2008, S. 46.

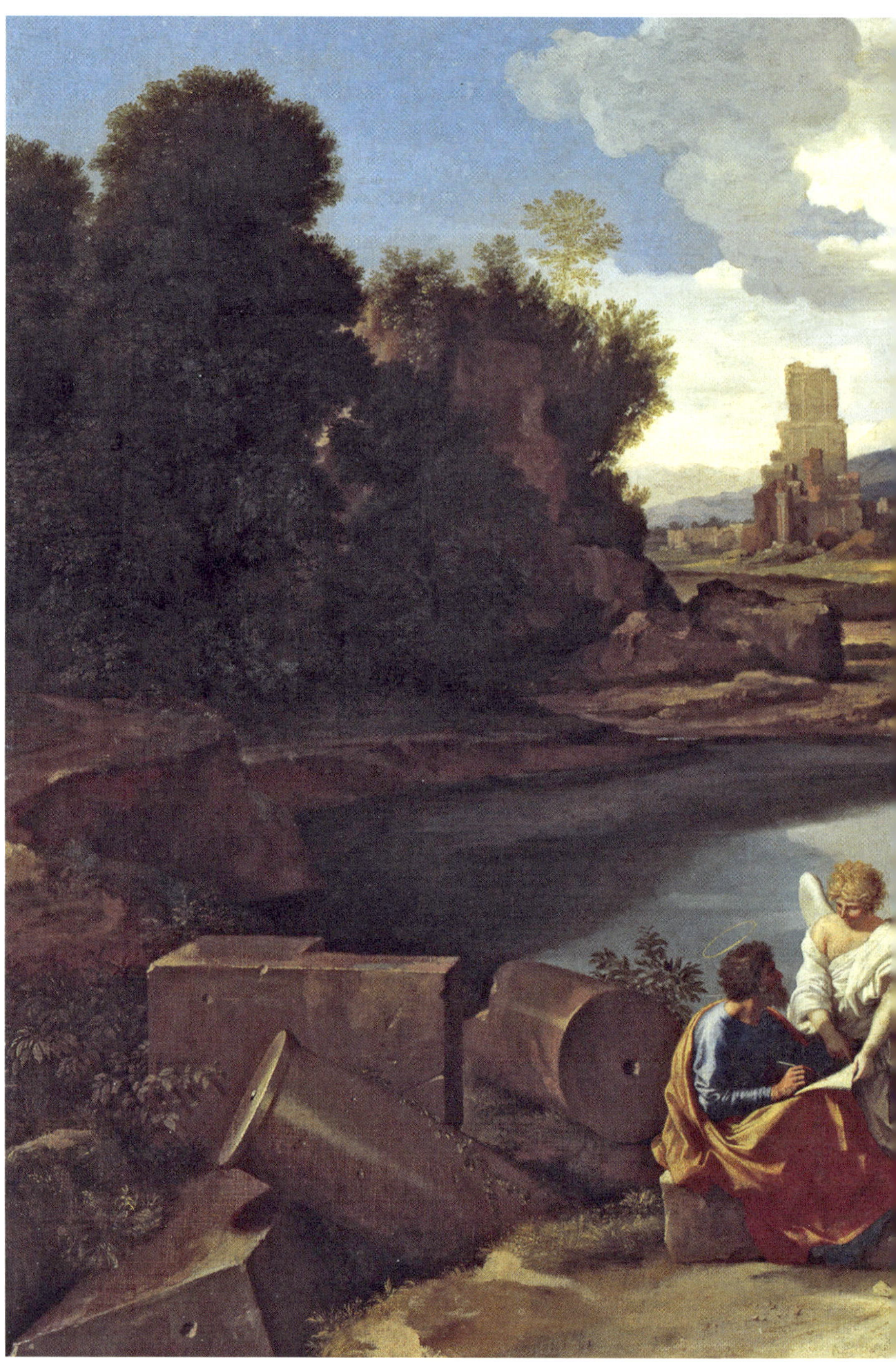

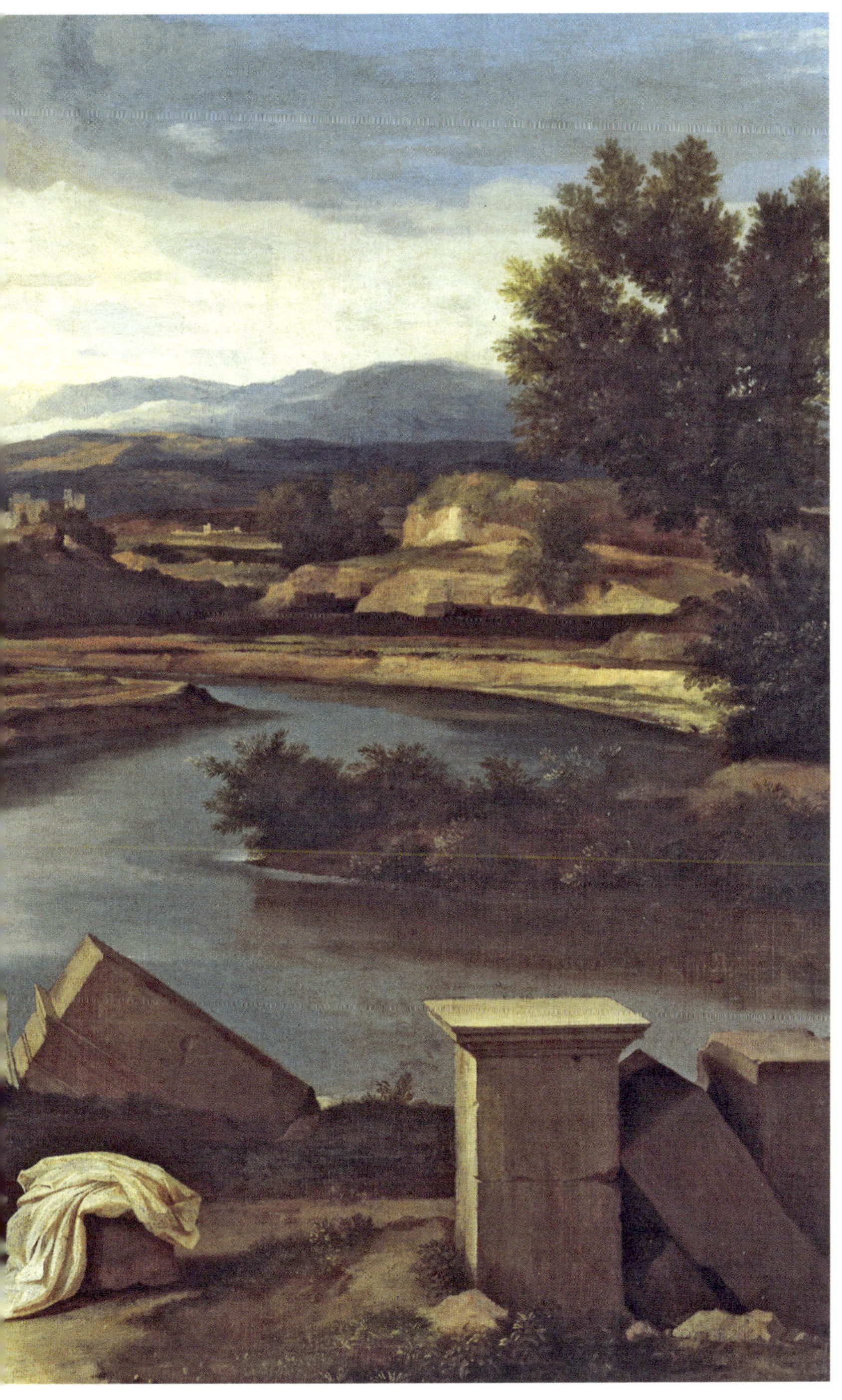

Immanenz, für die der Satz gilt: Alles ist Eins und Eins ist Alles.[3] Poussin nähert sich der Natur, um sich einem Theorem für das Ganze zu nähern, für das die Natur steht und wovon die Natur ein Teil ist. Dieses Ganze zeichnet sich wie im klassischen griechischen Kosmos dadurch aus, einer vorbestimmten Ordnung zu folgen, die zugleich schön und von Vernunft durchdrungen ist.[4] Poussins Natur ist eine kosmische Reproduktion, eine Imitation der Ewigkeit, in der alle Dinge, wie ein Samen, der zum Baum wird, der Erfüllung ihrer Potenziale zustreben.

Im organischen Wachsen der Natur herrscht ein geometrischer Plan, der die Harmonie als der Welt immanente Ordnung unterstreicht. Poussins Ordnung entspringt nicht mehr völlig einem Gott (weder in einem hellenistischen, noch einem christlichen Sinn, wo in Gestalt der Dreifaltigkeit das Ganze und die Sehnsucht danach – Gott und Mensch – eins sind), ist aber auch noch weit von der mechanischen, atomistischen frühmodernen Ordnung der Natur entfernt; die Natur der wissenschaftlichen Revolution, in der nichts mehr wächst oder sehnsuchtsvoll in diesem kosmischen Sinn ist.

Poussins *Matthäus* gehört vermutlich zu einer unvollendeten Serie über die vier Evangelisten, es gibt ein Pendant aus demselben Jahr, *Landschaft mit dem heiligen Johannes auf Patmos*, das sich heute im Art Institute of Chicago befindet. Auftraggeber und erster Besitzer war Giovanni Maria Roscioli, Sekretär von Papst Urban VIII. und ein bekannter Kunstsammler. Er zahlte Poussin im Oktober 1640 für beide Bilder 40 Écus. Seit seinem Tod im Jahr 1644, vier Jahre nach ihrer Entstehung, waren die beiden Bilder nur noch selten vereint.

Auch der Evangelist Johannes ist beim Schreiben abgebildet, während er sich in Verbannung auf der Insel Patmos befindet; dies eine Gegenüberstellung zu den apokalyptischen, gewalttätigen Visionen der *Offenbarung*, an der er in diesem Augenblick arbeitet. Der im Profil zu sehende Adler, sein Attribut, das für die surreale Vision des ersten Mensch aus der *Offenbarung* steht, der ein halber Adler ist, entfernt sich von ihm und wendet ihm seinen Rücken zu, anders als der Engel des Matthäus, der mit dem Evangelisten – und mit der harten Natur, die ihn umgibt – harmonisch vereint ist. Auf der

3 Später, im 19. Jahrhundert, würde das der deutsche Idealismus das Absolute nennen, die Romantiker würden andere Bezeichnungen dafür finden. Hier kommt der Kunst die besondere Fähigkeit und exklusive Aufgabe zu, das Ganze zu denken, das Absolute zu aktivieren.

4 Die Natur ist die Ordnung, in der alle Wesen, Pflanzen, Tiere und der Mensch, sich aus einer Dimension heraus und in sie hinein bewegen und handeln, die eine Dimension der Sehnsucht, sich zu vervollständigen, ist. Diese umfassende Sehnsucht des unvollständigen belebten Wesens (die beim Menschen der Erkenntnis entspringt) nach Vervollständigung kann niemals erreicht werden, und doch bewahrt seine Bewegung die Ordnung.

Landschaft mit dem heiligen Johannes auf Patmos wandert das Auge schräg über eine Reihe von Zickzacklinien, Krümmungen und Barrikaden der Ruinen im Vordergrund, dann durch ein Dickicht von Bäumen in die Mitte des Bild den Hügel entlang und schließlich zum Fluss, der durch den Hintergrund mäandert. Wie Matthäus ist auch Johannes von architektonischen Fragmenten umgeben, »als könne der Ort für heiliges Schreiben, für das Poem der Offenbarung nur ein Ruinenfeld sein«, wie Louis Marin schrieb.[5] Die Niederschrift der heiligen christlichen Offenbarung vom Ende der Zeit mit ihren schreckenerregenden Visionen ereignet sich in einer Landschaft, die vom Vergehen der Zeit Zeugnis abgibt; sie zeigt sich als Collage aus Ruinen (wie die Stadt Rom selbst), die sich aus historischen Schichten von Zerstörungen und zusammengebrochenen Zivilisationen zusammensetzt: Der ägyptische Obelisk, ein korinthischer Tempel und Wahrzeichen des antiken Roms wie Hadrians Mausoleum in der Ferne. Es scheint, als spiegle Johannes' Körper ein Dreieck, das von den Ruinen im Vordergrund rechts geformt und noch einmal an der Spitze des Obelisks wiederholt wird. So zeigt sich eine vollkommen geometrische Konstruktion der Welt: Die Architektur der Natur und des Menschen bescheidener Platz in ihr. Während sich hier Obelisken und Tempel hinter einem Vorhang aus Bäumen am Meeresufer erheben, wo wir in weiterer Entfernung eine bewohnte Stadt mit Wohnhäusern und Palästen sehen, führt der Fluss bei Matthäus zu einer Ruinenstadt.

Die Gemälde aus dem Jahr 1640 scheinen den Moment zu markieren, in dem sich das Konzept und die Rolle von »Natur« im Bild für Poussin ändern und Schritt für Schritt von einem bloßen Hintergrund, einer Art von Kulisse in einen eigenständigen Protagonisten verwandeln: als Bildelement ist sie den Figuren, die das Bild bevölkern, ebenbürtig. Die Landschaft, die wir sehen, ist still. Das Wasser des Flusses bewegt sich im Matthäusgemälde nicht; der Wind weht nicht durch die Bäume. Was unterscheidet das Wasser vom Stein? Was die polierten Säulen von den Gestalten des Evangelisten und des Engels? Mensch und Objekt, Natur und Architektur vermischen sich und tauschen ihre Positionen. Der Fluss erscheint beinahe fest, die Ruinen wachsen organisch aus der Erde und beleben den Vordergrund des Bildes. Wie die Natur scheinen auch die Figuren weniger auf Leinwand gemalt denn in Stein gemeißelt zu sein. Das Gemälde ist wie ein Mosaik, in dem jedes Stück sein eigenes Gesicht und seinen eigenen Charakter behält, schrieb Claude Lévi-Strauss über Poussin.[6] Denis Diderot nannte Poussins Figuren »naiv«, sie seien also »auf perfekte und reine Weise, was sie sein müssen«.

5 Louis Marin, *Sublime Poussin*, Palo Alto 1999, S. 149.
6 Lévi-Strauss 1997, wie Anm. 1., S. 87

Um seine Werke zu schaffen, benutzte Poussin einen optischen Kasten mit Landschaftshintergründen, die so arrangiert wurden, dass die spezifische Landschaft einem größeren, universellen Zweck diente. Bevor er sich an ein neues Gemälde machte, formte Poussin aus Wachs kleine Figuren und platzierte sie auf Platten im Inneren des Kastens. Er hüllte sie in Lumpen und modellierte den Faltenwurf mit einem Stab. Durch Löcher im Kasten konnte er die Beleuchtung auf den Figuren gestalten und die Länge der Schatten messen. Dieses dreidimensionale Modell ist im Gemälde noch deutlich präsent. In ihm drückt sich die Überlegenheit der Welt über die Individuen aus, die als ruhige Skulpturen in einer gelassenen Szenerie erscheinen: außerhalb der Zeit, ideal, ewig.

Paul Cézanne, dessen Malerei auf den ersten Blick in beinahe jeder Hinsicht die Antithese zu Poussin zu sein scheint, dachte gut zweihundert Jahre später bemerkenswerterweise darüber nach, »noch einmal Poussin über die Natur zu machen«. Auch bei Cézanne erscheint die Natur auf ihre rudimentäre Essenz zurückgeführt zu werden. Könnte es sein, dass beide Maler, Väter der modernen französischen Malerei, zu einer solchen *Geometrie* – einer beinahe kubistischen Abstraktion der Natur – aus entgegengesetzten Richtungen gekommen sind? Poussins Abstraktion gründete sich in Klassizismus und Idealismus; Cézannes entstand aus Sinneseindrücken und der Hingabe an das, was man sieht. Beide scheinen die Imitation zugunsten von etwas anderem transfiguriert zu haben. So fern sich beide Maler in ihren mimetischen Gesten sind – Cézanne unternahm den expressiven Versuch, sich der Natur von ihren Oberflächen her anzunähern, während Poussin sie als ideale Konstruktion dachte – macht doch jeder von beiden einen ersten Schritt Richtung Abstraktion, oder legt zumindest offen, wie stark das Figurative jederzeit mit dem Abstrahierten verstrickt ist.

Die Sehnsucht nach dem Wilden Mann

Landschaft mit Satyrfamilie (1507) von Albrecht Altdorfer

Drei der frühesten Bilder Albrecht Altdorfers aus dem Jahr 1507 hängen nebeneinander in der Berliner Gemäldegalerie. Sie teilen sich den Raum mit Gemälden zweier bekannter Zeitgenossen, die ebenfalls nördlich der Alpen tätig waren: Albrecht Dürer und Lucas Cranach der Ältere. Insgesamt sind sieben Bilder Altdorfers, der um 1480 geboren wurde, in diesem Raum zu sehen. Allesamt sind sie relativ klein, offenkundig für Privaträume gemalt worden. Das tragbare Tafelbild, ein entfernter Verwandter der alten Ikone, wurde im 16. Jahrhundert zur populärsten Form der Devotionalie. Es war aber auch ein nützliches Format für den Maler, um zu experimentieren und sich als Künstler zu etablieren. Kleiner als ein DIN-A4-Papier, kaum größer als eine Miniatur, ist die verblüffende *Landschaft mit Satyrfamilie* das kleinste der in der Gemäldegalerie gezeigten Bilder Altdorfers.

Unter einem Dickicht aus Bäumen und Sträuchern am Rande eines Hangs sucht eine dreiköpfige Gruppe Schutz: ein behaarter und behornter Satyr und seine nackte menschliche Gemahlin mit ihrem Kind. Der Satyr greift mit finsterem Blick nach einem Stock, als ob er sich auf einen Kampf vorbereite und im nächsten Moment angreifen werde. Seine Begleiterin, das auf ihrem Bein stehende Kind mit einer Hand stützend, hält ihn mit der anderen Hand zurück. Ihre Gesten werden auf merkwürdige Weise durch diejenigen eines Paars gespiegelt, deren Anwesenheit auf einer Lichtung im Bildhintergrund schwer zu interpretieren ist, aber für die »Familie« des Satyr offensichtlich ein unwillkommenes Eindringen darstellt: Ein nackter Mann mit einem Stock hält eine Frau in einem roten Kleid, die gerade mit weit ausholenden Schritten in den Wald treten will, mit einer Hand fest.

Die Inschrift seines Grabsteins in Regensburg bezeichnet Altdorfer als Baumeister, nicht als Maler. Welche Rolle seine exzentrischen und detailreichen Ölgemälde, Aquarelle und Radierungen in seinem späteren Leben spielten, ist unbekannt; sicher ist, dass sie, nicht Altdorfers Leistungen als Architekt, seinen Ruf begründeten. Er starb im Jahr 1538 als wohlhabender Mann und bekannte Persönlichkeit in der Regensburger Stadtgesellschaft

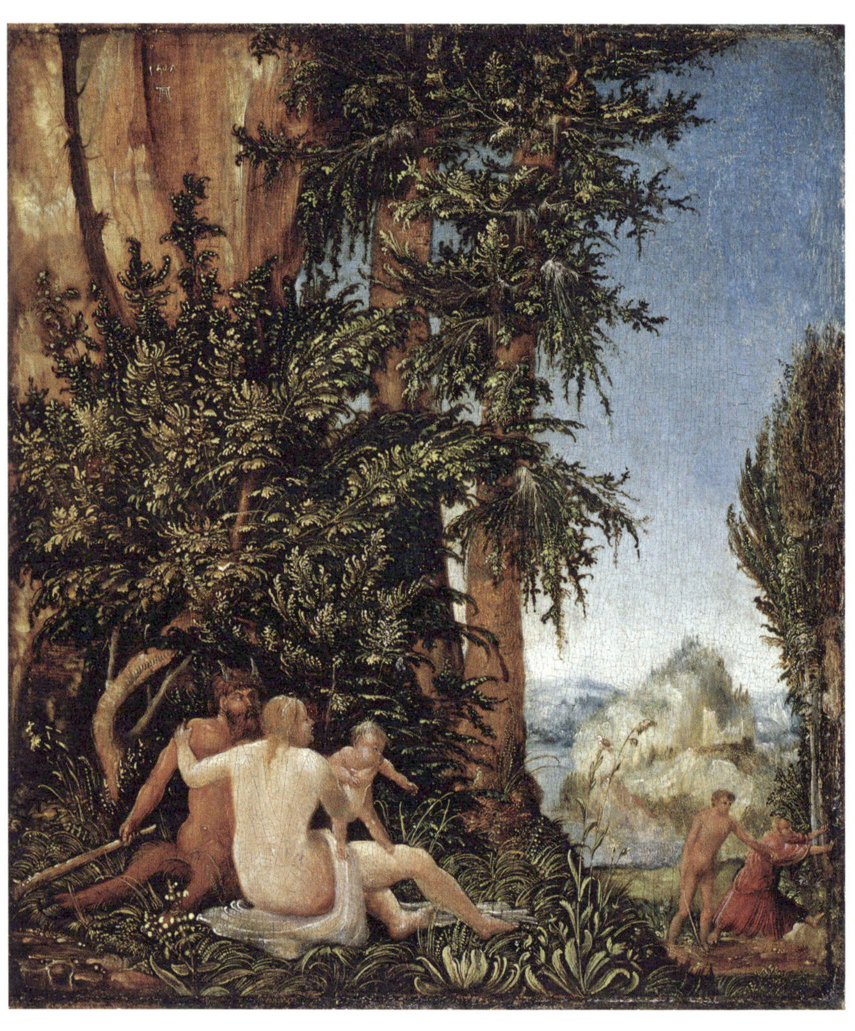

und besaß drei Häuser; vermutlich hatte er selbst die Pläne entworfen und den Bau geleitet. Sie stehen noch heute in Regensburg.

Eine anhaltende Spannung prägt die Szene auf dem Gemälde. Vielfache Gegensatzpaare spiegeln sich in einer merkwürdig symmetrischen Weise: das Geschützte und das Exponierte, die Kultur (die bekleidete Frau, ein Haus in der Ferne, das Außerhalb der wilden Szenerie) und die Natur. Steht das zweite Paar in der Distanz für die Vergangenheit der Familie des Satyrs? Stellen Sie eine Bedrohung dar für die freie Existenz in Harmonie mit der Wildnis? Die Geschichte, die *Landschaft mit Satyrfamilie* erzählt, ist unklar, und der grobe Schauplatz lässt uns das Bild sonderbar erscheinen. Zwei Drittel der Bildfläche nimmt die Landschaft ein, die ein Stück blauen Himmels umrahmt, der dem Werk ein Gefühl der Tiefe verleiht. Ein dunkles Blätterwerk, in dem eine Vielzahl verschiedener grüner Blätter durch weiße Linien hervorgehoben werden, bedeckt braune Baumstümpfe und einen sandigen Boden in einem so rohen Farbton, dass die Protagonisten von einer greifbaren Wildnis umgeben zu sein scheinen. Ein verschmierter, düsterer Berg in Grautönen erhebt sich in der Ferne.

Als der Kunsthistoriker G. F. Waagen, der von 1830 bis 1864 Direktor der Berliner Gemäldegalerie war, das Bild in Regensburg sah, interpretierte er den aufragenden Wald und die ornamentale Flora, die so viel Platz auf der Leinwand einnehmen, als Anzeichen dafür, dass der Maler die Landschaftsmalerei früh als eigenständiges Genre kultivierte, indem er den Wald, nicht die Figuren, zum eigentlichen Gegenstand des Bilds machte. Die Erzählung des Bilds, die Staffage, schrieb Waagen in *Kunstwerke und Künstler in Deutschland*, sei »ebenso geschmacklos in der Erfindung als schwach in der Zeichnung«.[1] Die Aufmerksamkeit, die Altdorfer der Vegetation und der Szenerie widmet, steht in einem merkwürdigen Gegensatz zum kleinen Format.

Gegen die Tendenz der nördlich der Alpen wirkenden Künstler, die sich nach Jan van Eyck (1390–1441) dem Unternehmen verschrieben, nach dem Vorbild Dürers die Natur widerzuspiegeln und bis ins kleinste Detail zu kopieren, zeigt dieses frühe Bild Altdorfers eine andere Haltung der Natur gegenüber. Die Bäume, Blätter, Felsen, die sich über seinen Rahmen hinaus erstrecken könnten und sich fast unorganisch zu wiederholen scheinen, sind kein Resultat von Imitation und mimetischer Anverwandlung. Sie sind vielmehr Ausdruck einer Geste, die man gar expressiv nennen könnte, Produkt der Vorstellungskraft. Die Natur ist hier ein Terrain, auf das subjektive Projektionen geworfen werden. Im Einklang mit seinem Format, das dem

1 Gustav Friedrich Waagen, *Künstler und Kunstwerke in Deutschland*, Bd. 1, Leipzig 1843, S. 129.

eines Andachtsbildes entspricht, ist dieses Miniaturpanorama eher introspektiv als deskriptiv. Wie eine Halluzination verortet es uns in unserer eigenen Subjektivität.

Das unvorhergesehene Aufkommen von Landschaftsdarstellungen auf Gemälden und Radierungen in der Donauregion, die auf den Rändern von Gebetsbüchern, in illustrierten Manuskripten und auf Miniaturen zu sehen waren, war ein plötzliches, nicht ganz erklärbares Ereignis. Diese Entwicklung vollzog sich mehr oder weniger parallel zur italienischen Renaissance, zu deren revolutionären Errungenschaften die Wiederentdeckung und Neuerfindung der wissenschaftlichen Perspektive und der klassischen Architektur sowie das anatomische Wissen – die Wiedergabe der Schönheit des menschlichen Körpers – gehören. Leonardo da Vinci lebte noch zwölf Jahre, nachdem Altdorfer sein Bild signiert und datiert hatte.

In einem 1966 erschienenen Essay gab der Kunsthistoriker Ernst Gombrich eine Erklärung für dieses Rätsel: Der Kunstmarkt im Süden habe nach solchen Gemälden verlangt, demnach sei die Landschaftsmalerei paradoxerweise ein Geschenk des Renaissance-Südens an den gotischen Norden gewesen. Er zitiert einen Brief des Malers Giorgio Vasari aus dem Jahr 1548, der schrieb, dass es keinen Schuster gebe, bei dem zuhause nicht eine deutsche Landschaft hänge. Die wichtigste Einsicht Gombrichs aber dürfte sein Schluss sein, dass Landschaftsbilder des 16. Jahrhunderts keine Panoramen sind, sondern größtenteils Ansammlungen einzelner, individueller Merkmale. Sie sind eher konzeptionell denn visuell.[2]

Um sein Argument an dieser Stelle seines Essays zu illustrieren, wählte Gombrich eine Radierung Altdorfers, in deren Zentrum der Stamm einer Pinie steht, die vor einer mit feinen Linien dargestellten Berglandschaft und einer Kleinstadt gezeigt wird. In der Tat malte Altdorfer nach der *Satyrfamilie* die ersten autonomen Landschaftsbilder der europäischen Kunstgeschichte. Sie zeigen keine menschlichen oder tierischen Figuren und sie erzählen keine Geschichten. Sie zeigen eine Unvollständigkeit und Stille, dreihundert Jahre vor den deutschen Romantikern, welche die Landschaftsmalerei – am deutlichsten bei Caspar David Friedrich zu sehen – zum Paradigma moderner Kunstwerke erhoben. Friedrich Schiller etwa nahm an, dass Landschaftsmalerei oder -dichtung die unbelebte Natur in ein Symbol der menschlichen Natur verwandelte. Die Natur erscheint auf diesen Bildern als etwas, das weder vollständig subjektiv noch objektiv zu betrachten ist, sondern zugleich als physischer Ort und persönliche Erfahrung. Eine Erinnerung an etwas, das wir nie gesehen haben oder zu der wir erst nachträglich kommen. Ein Bild, das wir entdecken, obwohl wir es schon kennen.

2 Ernst Gombrich, »The Renaissance Theory of Art and Rise of Landscape«, in: ders. (Hrsg.), *Norm and Form*, London 1966, S. 116.

Ein Fragment, das dem Ganzen entrissen wurde, das sich endlos fortsetzt. Ein Altar ohne Gott.

Altdorfer war einer der ersten Maler, der sich eindeutig von der bis dahin zentralen Thematik des Bildes löste und das Formale über die semantische Vollständigkeit eines Inhalts stellte. Er scheint den Wald buchstäblich ins Bild zu bringen. Seine starken Farbschichten, seine Dichte und sein komprimierter geschlossener Raum überschreiten die Erfahrung, im Wald gefangen zu sein. Der Wald ist hier bereits etwas Größeres: Schon zu Zeiten Altdorfers waren die Urwälder von Straßen, Feldern und Straßen durchtrennt. Der deutsche Wald ist mehr eine Idee als ein Ort. Er dräut dunkel im Zentrum dessen, was man die deutsche Fantasie von Heimat nennen kann. Der Wald wurde zum Emblem für die Humanisten dieser Zeit. Der römische Historiker Publius Cornelius Tacitus hatte in *Germania* das Land als formloses Terrain mit harschem Klima beschrieben, trostlos anzuschauen, außer es sei das Land der Geburt.[3] Conrad Celtis legte die ethnografische Studie Tacitus' über die germanischen Stämme im Jahr 1500 neu auf. Er sah seine erzieherische Berufung darin, den Wald von einem Fluch zum Stolz des Landes, in eine Quelle teutonischer Stärke zu verwandeln.[4] Durch die Humanisten nördlich der Alpen wurde der Wald in einen Tempel unter freiem Himmel verwandelt, er wurde zum Zuhause für die Musen, er beherbergte aber auch immer den schrecklichen, barbarischen Satyr und den Wilden Mann.

Die fabelhafte Gestalt des Satyr erscheint in der frühen deutschen Kunst eher selten. In Altdorfers Bild verschmilzt die neue mythologische Figur des Satyr mit dem nordeuropäischen Topos des behaarten Wilden Manns mit dem Stock. Der lüsterne Wilde Mann ist eines der Gespenster der deutschen Volkskultur, er verkörpert Träume und Ängste. In einem Stich von Dürer aus dem Jahr 1505 bläst ein behaarter Satyr vor seiner vielleicht entführten Frau und deren Kind in ein Horn, das die Verlängerung seines erigierten Penis ist.

Altdorfer hatte vermutlich einen dekorativen Wandteppich, der um 1400 entstanden ist und Szenen aus dem Leben der Wilden Männer zeigt, im Regensburger Rathaus gesehen. Im Gegensatz zu dessen puppenhaften Darstellungen des Lebens im Wald bestimmt in Altdorfers Bild aber

3 Siehe Larry Silver, »Forest Primeval, Albrecht Altdorfer and the German Wilderness Landscape«, in: *Netherlands Quarterly for the History of Art*, Bd. 13, Nr. 1, 1983, und Christopher S. Wood, *Albrecht Altdorfer and the Origins of Landscape*, Chicago 1993.
4 Tacitus war der einzige römische Schriftsteller der Antike, auf den sich deutsche Humanisten als positive Quelle beziehen konnten. Er beschreibt die alten Germanen als indigenes Volk.

die Wildnis das Leben ihrer Bewohner, nicht umgekehrt. Der Wilde Mann, diese bestialische Kreatur, die eine rohe Sexualität und Gewalttätigkeit ausstrahlt, ist durch und durch antisozial. Er steht für die unkontrollierbare Kraft des Es, die gegen alles steht, was man als zivilisiert ansieht.

Im 16. Jahrhundert machte der Nürnberger Satiriker Hans Sachs den Wilden Mann, der sich in den Wald zurückzieht, zu seinem Sprachrohr gegen die Verfehlungen der Gesellschaft. Seine *Klag der wilden Holzleut über die ungetrewe Welt* wurde 1504 mit einem Holzschnitt von Hans Schäuffelein verziert, der dafür Dürers *Adam und Eva* (1504) adaptierte. Schäuffelein zeichnete den Rückzug in die Wildnis als Rückkehr zur ursprünglichen Unschuld des Menschen. In seinem Gedicht listete Sachs einen ganzen Katalog der Verdorbenheiten der menschlichen Gesellschaft auf und schloss: »Seit nun die welt ist so vertrogn, / mit untreu, list ganz überzogn, / so seien wir gangen daraus, / halten im wilden walde haus / mit unsern unerzognen kinden, / das uns die falsch welt nit mög finden, / da wir der wilden frücht uns nern, / von den würzlein der erden zern / und trinken einen lautern brunnen; uns tut erwermen die liecht sunnen, / mies, laub und gras ist unser gwant, / darvon wir auch bet und deck hant.«[5]

Das freie Leben im Wald wird hier nicht nur als vollkommene Unschuld dem korrupten Stadtleben gegenübergestellt. Bei Sachs wird es zum Modell einer wahren, antiinstitutionellen, völkischen Version von Frömmigkeit und christlicher Demut. In Berlin hängt neben der *Satyrfamilie* ein Diptychon Altdorfers aus dem Jahr 1507, das die Eremitenheiligen Hieronymus und Franziskus im Wald zeigt und den Begriff christlicher Wildnis demonstriert, indem der Wald die Figuren zu verdunkeln scheint.

Dreihundert Jahre später spielte Hans Sachs eine prominente Rolle in Richard Wagners 1868 uraufgeführter Oper *Die Meistersinger von Nürnberg*. Im Wettstreit der Sänger, der im Zentrum der Oper steht, wird Sachs mit Sixtus Beckmesser konfrontiert, der den gescheiterten Versuch in den Kreis der deutschen Kultur einzutreten verkörpert, erst geistig, durch sein Lied, dann körperlich, durch seinen Wunsch, sich mit dem Mädchen zu vermählen, das dem Sieger des Wettbewerbs versprochen ist. Sachs erscheint in der Oper als Vorbild deutscher Ursprünglichkeit. Wagner nutzte dessen Volkslieder als Vehikel für seine eigene Idee von der »kulturellen Regeneration« durch die Kunst. Obwohl Wagner seine Figur des Beckmesser nicht ausdrücklich so anlegte, ist sie doch von antisemitischen Zuschreibungen durchdrungen. *Die Meistersinger* wurden zu Wagners berüchtigtster Oper, weil sie in der Nazi-Propaganda eine wichtige Rolle spielte. Die Figur

5 Hans Sachs, *Werke*, hrsg. von Adelbert von Keller (ab Bd. 13 und Edmund Goetze), 26 Bde., Tübingen 1870–1909. Digitalisate sind im Internet zu finden.

Beckmessers verkörpert Wagners Vorstellung des Juden als »zersetzendes fremdes Element«, das behauptet, den deutschen Geist zu verkörpern, aber in Wirklichkeit nur dessen »widerwärtiges Zerrbild« sei.

Die Affinität zum Unzivilisierten war ein wesentlicher Teil der Suche nach einer deutschen Vergangenheit zu einer Zeit der politischen und kulturellen Selbstvergewisserung der Deutschen und eines Strebens nach nationaler Einheit im 15. und 16. Jahrhundert. Conrad Celtis, einer der Humanisten im Umfeld von Maximilian I., des Kaisers des Heiligen Römischen Reichs, hatte Verbindungen zu Wissenschaftlern und Literaten in Regensburg, und es ist gut möglich, dass Altdorfer seine Schriften kannte. Die Suche nach einer deutschen Antike sollte an die ruhmreiche klassische Antike anknüpfen, mit denen sich die Humanisten konfrontiert sahen. Aus einem populären Patriotismus entwickelte diese sich mit der Zeit zu einer Feindseligkeit gegenüber der italienischen Kultur. Sie war mit einer Idealisierung all dessen verbunden, was der »Zivilisation« unbekannt war und als primitiv und wild galt – in diesem Wettstreit zwischen Nord und Süd wurde das Barbarische immer auch durch eine primitivistische Zuneigung und durch Archaismus überhöht – zu einer Zeit, als die Entdecker der Neuen Welt mit ihren Schätzen nach Europa zurückkehrten.

Könnte es sein, dass sich in der deutschen Nachkriegsmalerei im 20. Jahrhundert und vielleicht bis heute Spuren dieser Sehnsucht nach einer subversiven, reinen Wildnis (wenn auch kastriert, modifiziert oder rekonzeptualisiert) finden?[6] Sicher prägte diese Sehnsucht die Figur des rebellischen Künstlers, der als Wilder Mann, als Außenseiter im Sinne Nietzsches oder als krimineller Ausgestoßener erscheint, während umgekehrt der Wilde Mann als Künstler verstanden wird. All das ist nicht zu denken ohne jenen Beginn, der *Landschaft mit Satyrfamilie* ist.

6 Mit Ausnahme von Gerhard Richter teilen alle bedeutenden männlichen deutschen Nachkriegskünstler von Georg Baselitz und Eugen Schönebeck über Anselm Kiefer, Jörg Immendorf, Sigmar Polke, Blinky Palermo, Albert und Markus Oehlen und schließlich Martin Kippenberger in ihrem Habitus und ihrer Kunst eine Affinität zur männlichen, bohemistischen, wilden, betrunkenen, clownesken Figur des Künstlers. Joseph Beuys bildete zuvor seine eigene Kategorie, ist aber den erwähnten Künstlern in dieser Hinsicht verwandt.

Das wahre Bild

Das Heilige Antlitz Christi – Vera Icon (um 1420) von einem unbekannten westfälischen Künstler

Mysteriöse Abdrucke des Gesichts von Jesus Christus erscheinen seit dem 6. Jahrhundert in den christlichen Traditionen. Solche Porträts sind der Überlieferung nach entstanden, als ein Stück Tuch gegen das heilige Gesicht oder den ganzen Körper von Christus gedrückt wurde. Diese außergewöhnlichen Bilder, fünf oder sechs insgesamt, gelten als *acheiropoietisch*, nicht von menschlicher Hand, sondern durch ein Wunder geschaffen, das Wunder der *Vera Icon*, des »Wahren Bilds«.

Das *Christusbild von Edessa*, auch *Mandylion* genannt, kam im Jahr 944 nach Konstantinopel. Angeblich hatte es die mesopotamische Stadt Edessa bei Belagerungen beschützt. Es wurde vom byzantinischen Kaiser Romanos I. als Beute nach Konstaninopel gebracht, nachdem er das inzwischen unter muslimischer Herrschaft stehende Edessa erobert hatte. Das *Mandylion* wurde mit großen Feierlichkeiten empfangen, vielfach kopiert und in der byzantinischen Kunst bald zu einer populären Ikone. Der Legende nach geht dieses Tuch auf König Abgar von Edessa zurück, der ein Zeitgenosse Jesu war. Einer der Jünger des Gottessohns hatte dem König das Tuch mit dem acheiropoetischen Porträt gebracht, und es hatte den König von der Lepra geheilt. Das Tuch verschwand in Konstantinopel und gelangte später nach Frankreich, wo es während der Französischen Revolution verloren ging.

Eine auf zwei Tafeln aus Zypressenholz gemalte Kopie, die als getreue Wiedergabe des ursprünglichen *Mandylions* galt, wurde im Jahr 1249 aus Rom in einen Konvent nahe der nordfranzösischen Stadt Laon geschickt. Von dort gelangte sie im 18. Jahrhundert in die Kathedrale von Laon, wo sie noch heute angebetet wird. Diese Reise einer Kopie des *Mandylions* von Ost nach West ging vermutlich der Verehrung des *Schweißtuchs der Veronika*, auch *Sudarium* genannt, voraus. Dieses Tuch, das ebenfalls einen Abdruck des *Heiligen Gesichts* trägt, wird neben der Reliquie des *Wahren Kreuzes Christi* noch heute in der Basilika St. Peter verehrt. Aber erst im Lauf des 14. Jahrhunderts wurde Veronikas Schweißtuch in der Westkirche zu einer prominenten Figur, in der die Fäden der unterschiedlichen

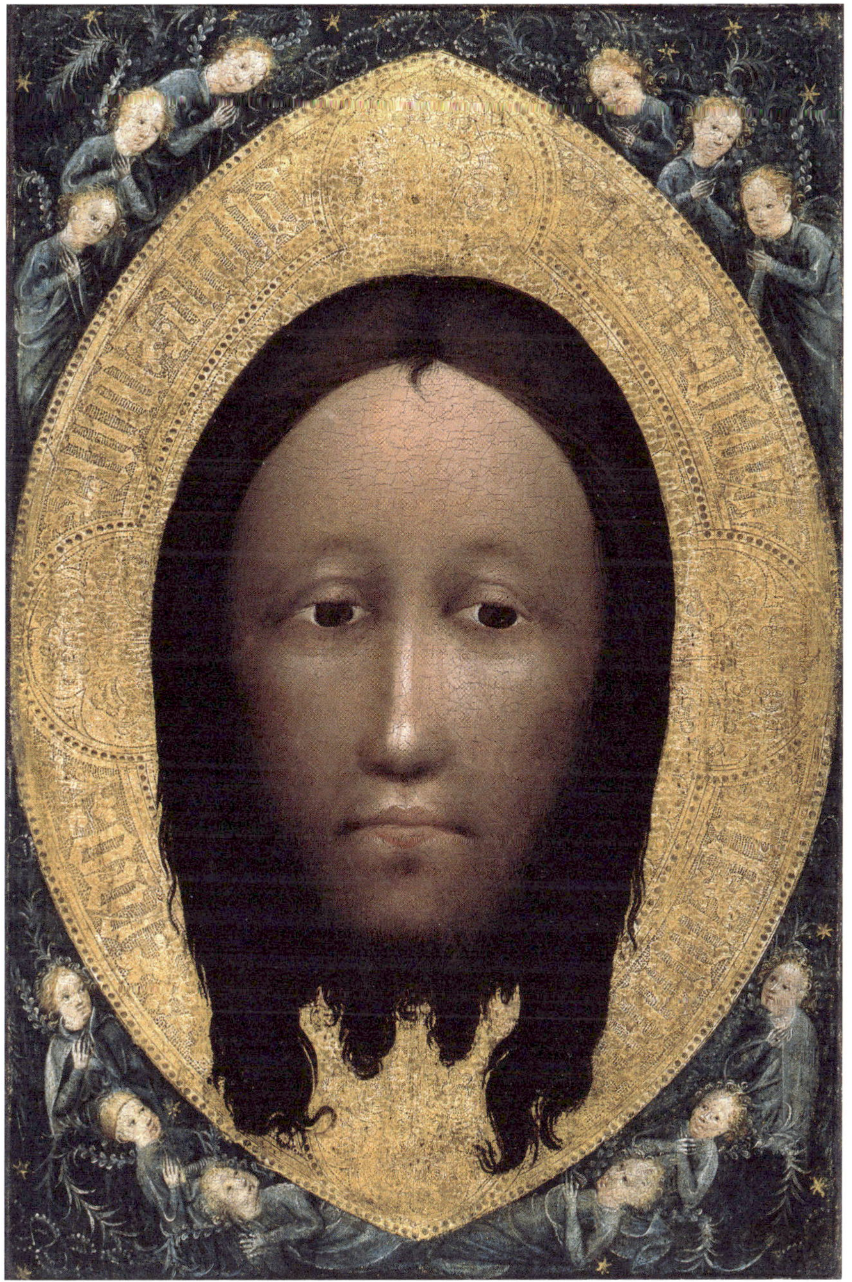

Entstehungsmythen der wahren Bilder miteinander verknüpft sind. Der Mythos der mitfühlenden Frau, die Jesus das schwere Kreuz auf seinem Rücken tragen sah, ihm den Schweiß von der Stirn wischte und danach das Abbild Jesu auf dem Tuch vorfand, wurde mit jener Frau in Verbindung gebracht, die zwölf Jahre lang unter ständigen Menstruationsblutungen gelitten hatte (eine besonders spektakuläre männliche Fantasie), bis sie den Saum von Jesu Gewand berührte, und im apokryphen Nikodemus-Evangelium Berenike, lateinisch Veronika, genannt wurde. Einer anderen Geschichte zufolge hatte Veronika ein Porträt von Jesus malen wollen, erhielt von ihm aber einen auf wundersame Weise entstandenen Abdruck seines Gesichts auf einem Stück Stoff. Mittels einer etymologischen Verdrehung wurde schließlich der Name *Veronika* auf *Vera Icon* zurückgeführt.

Das *Schweißtuch der Veronika* ist ein Relikt und ein fotografisches Bild zugleich. Es sagt das mechanische Bild voraus, das nicht von Hand gemacht, sondern Ergebnis eines Kontakts ist, oder sucht es vielmehr heim als ein Bild, das ein Souvenir oder die Spur eines Ereignisses ist.[1] Diese Reliquien aus Stoff, die Zeugnis von der Menschwerdung Gottes ablegen wollen, zeigen allerdings wenig, wenn ihre Betrachtung überhaupt möglich ist. Nur die schwache Ahnung einer Figur ist auf ihnen zu sehen, oft verschwommen oder bereits gänzlich getilgt. Sie zeigt vor allem das Material des Objekts – ein zerknittertes Textil, ein Taschentuch – eine Art Leinwand.

Mittelalterliche Bilder des Heiligen Antlitzes haben daher einen seltsamen Status. Sie werden als »wahr« erachtet, verhalten sich aber wie bloße Repliken (oder Kopien *der* Replik). Als Ikonen existieren sie im Wirkungsbereich des Ritus; als Gemälde nehmen sie eine Schlüsselstellung unter ihresgleichen ein. In der Bekundung, diese Abbilder seien wahr und göttlichen Ursprungs, bricht sich der menschliche Wunsch Bahn, die Verbergung zu überwinden, die jede Repräsentation mit sich bringt, und stattdessen ein Bild zu schaffen, das etwas *zeigt* und nicht *verschleiert*, ein Bild, das keine

1 Roland Barthes hat die These aufgestellt, dass Fotografien acheiropoetisch sind, *Camera Lucida* (New York, 1981), S. 82. Das Bild auf dem Turiner Grabtuch, der Legende nach Jesu Leichentuch und heute eine der berühmtesten acheiropoetischen Reliquien, kann angeblich nur auf einem fotografischen Negativ gesehen werden. Dieser Umstand war zuerst im Jahr 1898 von einem Fotografen-Pilger beobachtet worden, nur drei Dekaden nach den fotografischen Erfindungen von Louis Daguerre und Henry Fox Talbot, als die »spiritistische Fotografie« in ihrer Blüte stand. Ihre Anhänger glaubten, sie könne die Unsterblichkeit der Seele beweisen, indem man diese direkt nach dem Tod auf einem Foto einfing. Seit ihrer Erfindung wurde die Fotografie mit dem Leben nach dem Tod verbunden, weil sie erstmals einen mechanischen Eindruck der Wirklichkeit bieten konnte. Die Spiritisten glaubten, dass neue technologische Erfindungen wie Elektrizität, Chemie oder Telegrafie bewiesen, dass die Welt von unsichtbaren Kräften beseelt sei.

Darstellung ist, sondern vielmehr das Heilige Wort ein für allemal gegenwärtig werden lässt. Die Verbindung zur Wirklichkeit, die diese Ikonen herstellen wollen, ist zugleich Ausdruck eines Verlangens, sich mit einer anderen Welt zu verbinden und ihr Treue zu bekunden.

Auf der westfälischen Vera Icon, die auf Eichenholz gemalt in der Gemäldegalerie zu sehen ist, schwebt der körperlose Kopf von Jesus Christus frei über einer goldenen Mandorla, einer mandelförmigen Umrahmung, die für mittelalterliche Ikonen typisch ist. In einem dunklen Ring aus Bart und Haaren zeichnet sich ein Gesicht mit tiefbraunen Augen ab; der Blick ist nach innen und zugleich unverwandt auf die Betrachter gerichtet. Ein simples *Sfumato* genügt, um das Gesicht lebendig, im Vergleich zur üblichen grafischen Darstellungsweise von Ikonen ausdrucksvoll menschlich erscheinen zu lassen und es über die flache, geschmückte Oberfläche wie eine magische Offenbarung zu erheben.

Viele Charakteristika dieses Heiligen Gesichts stimmen mit einer Beschreibung von Jesus überein, die sich im apokryphen *Lentulus-Brief* findet, einem Bericht, den Publius Lentulus, ein römischer Prokurator von Judäa, angeblich für den Senat von Rom verfasst hat. »Sein Haar hat die Farbe einer völlig reifen Haselnuß, bis zu den Ohren beinahe glatt, von da abwärts etwas gelockt über seine Schultern wallend und nach Sitte der Nazarener in der Mitte gescheitelt. Der Bart ist wenig stark, in der Farbe zu den Haaren passend, von nicht sehr großer Länge.«[2] Zahlreiche deutsche und niederländische Gemälde des Heiligen Antlitzes vom 14. Jahrhundert an entsprechen der Beschreibung des Lentulus, wobei Historiker die Existenz dieses römischen Prokurators nicht verifizieren konnten und den frühesten Zeitpunkt der Entstehung des ihm zugeschriebenen Briefs auf das 13. Jahrhundert datiert haben.

Unabhängig von der Frage, ob der gefälschte Brief die Echtheit der Bilder bestätigen sollte, oder die Bilder vielmehr den Brief beglaubigen, erfüllt diese standardisierte Beschreibung des Heiligen Gesichts ihre Absicht: eine unsichtbare Welt ins Sichtbare zu übersetzen. Wie ein Traum, der erst nachträglich durch seine verbale Beschreibung gesehen werden kann, deuten Bild und Text auf einen Prototypen, dessen Fehlen sie kompensieren sollen. Wie oft auf solchen Bildern befindet sich auch auf der westfälischen Ikone eine Inschrift in gotischer Textur, Relikt des anderen Repräsentationssystems der Menschwerdung: Des Wortes, also des ursprünglichen Vehikels der Schöpfung, wie wir sie kennen und wie sie zuerst überliefert wurde. Innerhalb der goldenen Mandorla umgibt die Inschrift das Antlitz

2 In dem von Montague Rhodes James auf Englisch zitierten Text findet sich den Bart betreffend der Zusatz »not long, but divided at the chin«, also am Kinn gespalten. Montague Rhodes James, *The Apocryphal New Testament*, London 1975, S. 477–78.

von links nach rechts wie ein Heiligenschein. Sie offenbart die Worte des Erlösers und bezieht sich auf den ersten und letzten Buchstaben des griechischen Alphabets und damit auf die Sprache als Mittel der Schöpfung: *Ego sum alpha et o (mega) deus et homo*. Ich bin Alpha und Omega, der Anfang und das Ende, Gott und Mensch.

Das Heilige Gesicht ist mehrfach umschlossen; es wird gerahmt von den dunklen gelockten Haaren und dem Bart, von der Inschrift, von der goldenen Mandorla, von den Rändern der Tafel, wo sich jeweils drei Engel mit individuellen Zügen aus jeder der vier Ecken über Jesu Antlitz beugen, und schließlich von einem weiteren Rahmen, der blutrot bemalt und mit Medaillons verziert ist, die jeweils eine Blume umranden. Könnte es sein, dass die nicht endenden Blutungen der mit Veronika assoziierten Frau aus dem Evangelium des Matthäus und die Abdrücke von Jesu Schweiß und Blut auf dem roten Rahmen der westfälischen Tafel fortexistieren? Verbindet das Blut die Passion Christi mit der Enthauptung der Medusa? Es gibt keine buchstabengetreue Rechtfertigung für diese Inszenierung – eines körperlosen, androgynen, den Gorgonen ähnlichen Kopfs, der über einer planen Oberfläche schwebt – und doch kommt sie in vielen Versionen des Heiligen Gesichts, unter anderem in derjenigen von Laon, vor.[3] Die magischen, glückbringenden Qualitäten, die Reliquien zugeschrieben werden, leben in der Rahmung dieser *Vera Icon* fort, die selbst zu einem aktiven und signifikanten Ort wird. Von der Renaissance bis zur Avantgarde der Moderne umgeben Bilderrahmen das Gezeigte wie ein Fenster, durch das ein Stück der Welt sichtbar wird. Während diese Rahmen die mimetische Natur des Gezeigten verstärken und zugleich einen einzigen subjektiven Standpunkt der Kognition unterstellen, definiert und klassifiziert der Rahmen der Ikone hingegen eine Welt, die vollkommen von der Realität getrennt ist.

Das westfälische Heilige Antlitz, von der Gemäldegalerie um 1842/43 für 113 Reichstaler und zehn Silbergroschen aus einer Sammlung in Soest erworben, ist eine der wenigen vollständig erhaltenen Ikonen in Mitteleuropa. Selbst die beiden auf der Rückseite befestigten schmiedeeisernen Aufhänger sind wahrscheinlich original. Sie weisen darauf hin, dass solche Bilder in Häusern aufgehängt wurden, um vor ihnen zu beten. Eine Verkürzung der Aufenthaltsdauer im Fegefeuer wurde jedem gewährt, der vor einem wahren Bild mit dem Antlitz Christi das Gebet *Salve sancta*

3 Die Tatsache, dass das Heilige Antlitz an den Kopf der Medusa erinnert (er ist zu schrecklich und zu mächtig, um ihn anzusehen) legt nahe, dass es griechische und christliche Bildwelten, heidnische Talismane und monotheistische Glaubensinhalte koexistieren ließ. (Reliquien dienten als apotropäische Waffen und schützten angeblich den Ort, an dem sie aufbewahrt wurden.) Diese Interpretation ist sowohl bei Julia Kristeva, *The Severed Head*, New York 2012, S. 6, und Georges Didi-Huberman, *Confronting Images*, übersetzt von John Goodman, University Park 2005, zu finden.

facies nostri redemptoris sprach, das am Ende der Tage Eingang in den Himmel verspricht.[4] Je größer der Wert des gewährten Ablasses im Lauf der Zeit wurde, er stieg von zehn Tagen im 13. Jahrhundert auf 10.000 Tage im späten 15. Jahrhundert, desto populärer wurde der Kult um Veronika.

Die Bedeutung des Ablasses erodierte dadurch stark, und so erging es auch der Vorstellung der Buße überhaupt, die durch die politische Macht der Kirche missbraucht wurde. Im Verlauf dieses Prozesses tat sich eine Kluft auf, die so alt ist wie der Streit über den Tanz um das goldene Kalb in der Bibel, der die Natur von Gottes Erscheinung und sein Bild betrifft. Der Widerspruch zwischen dem Verlangen, Gott zu sehen, und dem Gebot, das die Anbetung von Götzen oder Bildern untersagt, hat jede der drei monotheistischen Religionen, aber auch die Entwicklung der westlichen Bildproduktion wesentlich geprägt.

Der Veronika-Kult war eine der symptomatischen Entwicklungen, die gut hundert Jahre später der Reformation den Boden bereiteten; deren Bildersturm wiederum war unzweifelhaft ein Echo des heftigen Streits zwischen Ikonoklasten und Ikonophilen in der byzantinischen Kirche. Dieser Konflikt wurde ungefähr zweihundert Jahre vor der Ankunft des *Mandylions* in Konstantinopel ausgetragen und entstand ebenfalls um die Frage der Anbetung eines Christusbildes. Es gibt kein Gottesbild, und vielleicht kein Bild überhaupt, das nicht diesen Riss in sich trägt. Er drückt sich nicht nur in der Diskrepanz zwischen dem Wort Gottes und heidnischen Zerrbildern, dem Götzendienst aus, sondern auch im Widerspruch zwischen den jedem Bild innewohnenden Eigenschaften, entweder eine Anwesenheit oder eine Abwesenheit in der Welt zu sein.

Als Kasimir Malewitsch in einer Ausstellung, die er *0.10* nannte, im Dezember 1915 in Petrograd das *Schwarze Quadrat* enthüllte und der Welt sein suprematistisches System vorstellte, platzierte er das Werk hoch oben in einer Ecke des Raums, dem heiligen Ort, an dem in einem russischen Heim die Ikone hängen würde. »Ich habe die nackte Ikone meiner Zeit gemalt«, schrieb er 1918 in einem Brief an seinen Freund, den Verleger Alexandre Benois. Das 80 × 80 Zentimeter große *Schwarze Quadrat* auf weißer Leinwand, von dem Malewitsch sagte, es sei die »Null der Form«, sollte ein bestimmender Moment für die moderne Kunst werden. Es war der Welt zuvor Monate lang geheim gehalten worden und wurde nach dem Tod seines Schöpfers erneut für die Dauer fast eines halben Jahrhunderts versteckt. Malewitsch (1879–1935) lehnte jegliche Referenten in der visuellen Sprache

4 Es wird Papst Johannes XXII. zugeschrieben und war im 14. Jahrhundert ein weit verbreitetes Gebet.

unerbittlich ab und betonte stattdessen die materiellen Qualitäten des Gemäldes: Textur, Farbe und räumlicher Illusionismus »als solcher«.[5] Zugleich aber nannte er sein System der Malerei »neuer malerischer Realismus« und erklärte, sein Ziel sei nicht, auf die Welt der Gegenstände zu verzichten, sondern im Gegenteil der wahren Beschaffenheit der Wirklichkeit näherzukommen. Er gab vielen seiner rein geometrischen suprematistischen Kompositionen offenkundig referenzielle Titel wie *Zweidimensionale malerische Massen im Bewegungszustand oder Malerischer Realismus eines Fußballspielers – Farbmassen in der zweiten Dimension*, beide stammen aus dem Jahr 1915.
Spätestens seit Édouard Manet wurde in der modernen Kunst die »Verbindung zur Realität« wieder von der Ähnlichkeit des Abbilds getrennt. Möglicherweise konnten die Illusionen, welche die Malerei herzustellen gelernt hatte, nicht mehr den Glauben an die Realität bedienen, die sie auf so besessene Weise zu reflektieren versuchte; mit diesem Rückzug von der Ähnlichkeit machte die Malerei den Weg für die Fotografie frei, ist behauptet worden.[6] Malewitsch führte die Malerei zur Frage zurück, wie sie etwas zeigen kann, ohne es abzubilden. In dieser Frage ist ein Zweifel an der einfachen binären Unterscheidung zwischen Figuration und Abstraktion angelegt; sie scheint Malewitschs *Schwarzes Quadrat* mit den Ikonen des Heiligen Gesichts zu verbinden.

Ikon (vom griechischen *eikon*) bedeutet Bild, Ähnlichkeit. Ein Abbild scheint einen Referenten vorauszusetzen, das heißt, dass ein Bild als solches ein Ergebnis ist, das Imitation, Mimesis bedingt.[7] Der Drang, »die Toten einzubalsamieren«, von dem die bildende Kunst angetrieben zu sein scheint, führt zu einer Fixierung auf Ähnlichkeit, die vielleicht erst mit der Erfindung der Fotografie aufgelöst oder zumindest verwandelt wurde. Die Ikone dagegen kopiert kein Objekt aus der äußeren Welt. Sie hat keinen Referenten in der Realität und sie imitiert nicht. Sie will vielmehr die Präsenz einer religiösen Erfahrung einschreiben. Sie will uns Gott sehen lassen. Die Ikone interessiert sich nicht für die Herstellung einer Illusion von Wahrheitsnähe. Sie wird nicht gesehen, sondern aufgenommen. Sie kümmert sich nicht um ihren singulären Betrachter, der jedenfalls kein »Zuschauer« ist. In der Tat sehen Betrachter das »Wahre Bild« weniger, als sie vielmehr selbst dem Blick des Bildes unterworfen werden.

5 Siehe Masha Chelnova in »Abstraction 1910–1925, Eight Statements«, *October*, Winter 2013 (143), S. 3–51.
6 Siehe Stanley Cavell, *The World Viewed: Reflections on the Ontology of Film*, Cambridge, MA 1979.
7 Im Zuge seiner Überlegungen zur Ontologie des fotografischen Bilds bemerkte Andre Bazin, am Ursprung von Malerei und Skulptur befinde sich ein »Mumienkomplex«, *What is Cinema*, Berkeley 1971, S. 195.

Abbildungen

Coverabbildungen:
Rechts unten Umschlagklappe, Mittig, Rückseite, Frontispiz
Historische Ansichten aus der Gemäldegalerie und der Skulpturensammlung im Kaiser-Friedrich-Museum, Italienische Gemälde und Bildwerke des 15. und 16. Jhd.

Abbildungen der zwölf Hauptwerke:

Amor als Sieger, 1601/02
Caravaggio (genannt), Michelangelo Merisi (Mailand 1571–1610 Porto Ercole)
Leinwand,156,5 × 113,3 cm
Kat. Nr. 369
1815 Ankauf der Sammlung der italienischen Adelsfamilie Giustiniani
Foto: Jörg P. Anders

Susanna und die beiden Alten, 1647
Rembrandt Harmensz van Rijn (Leiden 1606–1669 Amsterdam)
Sir Joshua Reynolds (1723–1792),
Tropenholz (Amaranth), 76,7 × 92,9 cm
Kat. Nr. 828E
1883 Ankauf von Sir Edmund Lechmere (Worcestershire) durch Vermittlung des Kunsthändlers Charles Sedelmeyer, Paris
Foto: Christoph Schmidt

Joseph und die Frau des Potiphar, 1655
Rembrandt Harmensz van Rijn (Leiden 1606–1669 Amsterdam)
Leinwand, 113,5 × 90 cm
Kat. Nr. 828H
1883 Ankauf von Sir John Neeld (Grittleton House, Wiltshire) über den Kunsthändler Charles Sedelmeyer, Paris
Foto: Christoph Schmidt

Junge Dame mit Perlenhalsband, 1663–1665
Jan Vermeer (Delft 1632–1675 Delft)
Leinwand, 56,1 × 47,4 cm
Kat. Nr. 912B
1874 Ankauf mit der Sammlung des Bankiers B. Suermondt, Aachen
Foto: Christoph Schmidt

Prinz Heinrich Lubomirski als Genius des Ruhmes, 1787/88
Elisabeth Vigée-Lebrun (Paris 1755–1842 Paris)
Eichenholz, 106,7 × 83,1 cm
Kat. Nr. 74.4
1974 Ankauf aus der Galerie Fr. Heim, Paris
Foto: Jörg P. Anders

Étienne Chevalier mit dem Hl. Stephanus, um 1455
Jean Fouquet (Tours 1420–1481 Tours)
Eichenholz, 95,9 × 88,2 cm
Kat. Nr. 1617
1896 Ankauf aus der Sammlung Ludwig Brentano, Frankfurt am Main
Foto: Christoph Schmidt

Die Madonna in der Kirche, um 1440
Jan van Eyck (Maaseik 1390/1400–1441 Brügge)
Eichenholz, 31,10 × 13,90 cm oben halbrund
Kat. Nr. 525C
1874 Ankauf mit der Sammlung des Bankiers B. Suermondt, Aachen
Foto: Jörg P. Anders

Die Darbringung Christi im Tempel,
um 1454
Andrea Mantegna (Isola di Carturo
1431–1506 Mantua)
Leinwand, 77,1 × 94,4 cm
Kat. Nr. 29
1821 erworben mit der Sammlung
Edward Solly, Berlin
Foto: Christoph Schmidt

Selbstporträt, 1649
Nicolas Poussin (Villers, Les Andelys
1594–1665 Rom)
Leinwand, 78,7 × 64,8 cm
Kat. Nr. 1488
1821 erworben mit der Sammlung
Edward Solly, Berlin
Foto: Jörg P. Anders

Landschaft mit dem Evangelisten Matthäus und dem Engel, 1640
Nicolas Poussin (Villers, Les Andelys
1594–1665 Rom)
Leinwand, 100,3 × 135,3 cm
Kat. Nr. 478 A
1873 aus dem Palazzo Sciarra in Rom
erworben
Foto: Jörg P. Anders

Landschaft mit Satyrfamilie, 1507
Albrecht Altdorfer (Regensburg
ca. 1480–1538 Regensburg)
Lindenholz, 23,1 × 20,4 cm
Kat. Nr. 638A
1874 Ankauf mit der Sammlung
des Bankiers Berthold Suermondt
Foto: Jörg P. Anders

Das Heilige Antlitz Christi – Vera Icon,
um 1420
Unbekannter westfälischer Künstler
Eichenholz, 45,2 × 31,8 cm mit Rahmen
Kat. Nr. 1217
1843 Ankauf aus der Sammlung
Landgerichtsrätin Dreckmann, Soest
Foto: Jörg P. Anders

Vergleichsabbildungen:
Die Madonna umgeben von Engeln,
um 1455
Jean Fouquet (Tours 1420–1481 Tours)
Eichenholz, 94,2-3 × 85,3-5 cm
Inv. 132 Royal Museum of Antwerp

Foto: Dominique Provost

Selbstporträt, 1650
Nicolas Poussin (Villers, Les Andelys
1594–1665 Rom)
Leinwand, 98 × 74 cm
Inv. 7302 Musée du Louvre, Paris

Foto: Jean-Gilles Berizzi

Tal Sterngast möchte sich bei Markus Farr, Stephan Kemperdick, Katja Kleinert, Sarah Salomon und Sigrid Wollmeiner von der Gemäldegalerie und der Generaldirektion der Staatlichen Museen zu Berlin sowie dem Team der *Tageszeitung* für ihre Unterstützung bedanken. Lena Kiessler vom Verlag Hatje Cantz gebührt Dank für ihre zugewandte Begleitung und ihr Engagement. Besonderer Dank gilt Sandra Bartoli, Ory Dessau, Ronald Düker, Philipp Graf, Drew Hammond, Dani Issler, Marianna Lieder, Silvan Linden und Stefanie Peter für ihre Aufmerksamkeit und Großzügigkeit.

Impressum

Redaktion
Lena Kiessler

Projektmanagement
Richard Viktor Hagemann

Übersetzung ins Deutsche und Lektorat
Ulrich Gutmair

Korrektorat
Martin Steinbrück

Englisches Lektorat
Kimberly Bradley

Grafische Gestaltung
Neil Holt

Umschlaggestaltung
studio stg

Schrift
Arnhem

Lithografie und Verlagsherstellung
Vinzenz Geppert

Druck und Bindung
GRASPO CZ, A.S.

Erschienen im
Hatje Cantz Verlag GmbH
Mommsenstraße 27
10629 Berlin
www.hatjecantz.de
Ein Unternehmen der Ganske Verlagsgruppe

ISBN 978-3-7757-4766-0 (Print)

ISBN 978-3-7757-4801-8 (eBook)

Printed in the Czech Republic

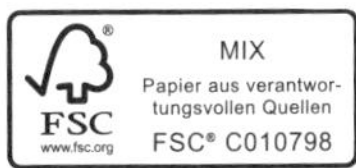

Impressum

Bildrechte in der kunsthistorischen Praxis – ein Leitfaden

November 2022

Herausgeber:
Deutscher Verband für Kunstgeschichte e. V.
Weberstraße 59 a
53113 Bonn
www.kunstgeschichte.org

Autoren: Veronika Fischer unter Mitarbeit von Grischka Petri
Redaktion und Koordination: Marcello Gaeta und Johannes Grave
Layout, Satz und Grafiken: Büro für Mitteilungen, Hamburg

Schriften: Spock Pro Light, Mark
Druck: Livonia Print Ltd., Riga
Papier: Magno Natural, 140 g/m²

Erschienen im
Hatje Cantz Verlag GmbH
Mommsenstraße 27
10629 Berlin
www.hatjecantz.de
Ein Unternehmen der Ganske Verlagsgruppe

ISBN 978-3-7757-5424-8

Printed in Latvia

DOI: 10.11588/artdok.00007769

dem Nachwuchs und denjenigen, die ins Berufsleben starten. Mitglied kann werden, wer mindestens den Bachelor in Kunstgeschichte absolviert hat.

Wir stiften Gemeinschaft – wir geben der Kunstgeschichte einen Ort!

Alle zwei Jahre organisiert der Deutsche Verband für Kunstgeschichte den Deutschen Kongress für Kunstgeschichte (bis 2022: Deutscher Kunsthistorikertag), an unterschiedlichen Orten, um sich gemeinschaftlich den neuen Fragestellungen, Impulsen und Herausforderungen des Fachs zu widmen. Regional, national und international ausgerichtet, bietet der Kongress seinen Mitgliedern und allen Gästen mit zahlreichen Plattformen, Sektionen, Diskussionsangeboten, Salons und Fachforen immer neue Anregungen und Möglichkeiten des Austauschs.

Deutscher Verband für Kunstgeschichte

So vielfältig das Fach, so breit die Mitgliederstruktur

Der Deutsche Verband für Kunstgeschichte, 1948 gegründet als Verband Deutscher Kunsthistoriker, setzt sich als Berufsverband für die Interessen seiner Mitglieder ein, die als Kunsthistorikerinnen und Kunsthistoriker in Deutschland und in deutschen Institutionen im Ausland arbeiten. Innerhalb seiner stetig steigenden Anzahl von Mitgliedern, derzeit rund 5200, gibt es viele Nationalitäten.

So unterschiedlich die Mitglieder, so umfassend die Arbeitsbereiche

Der Deutsche Verband für Kunstgeschichte vertritt seine Mitglieder in politischen Gremien wie dem Deutschen Kunstrat, stößt Prozesse des Nachdenkens an und positioniert sich in kulturpolitischen, denkmalpflegerischen und rechtlichen Zusammenhängen sowie zu Fragen der akademischen Ausbildung. Politische Überzeugungsarbeit im Sinne seiner Mitglieder und für das Fach Kunstgeschichte sowie die Verbesserung der beruflichen Situation sind dabei zentral.

So verschieden die Berufsfelder, so breit gestreut die Interessen

Der Deutsche Verband für Kunstgeschichte widmet sich den Interessen aller seiner Mitglieder: denen an den Museen, in der Denkmalpflege, an Hochschulen und Forschungseinrichtungen, den Selbständigen,